小池龍之介さん、煩悩ってどうすればいいんですか?

小池龍之介×テリー伊藤

宝島社

まえがき

テリー伊藤

小池龍之介さんに会うのは、今回が初めてだった。小池さんのこれまでのベストセラーのタイトルを見ると、『しない生活』『もう、怒らない』『考えない練習』という、およそ私とは真逆の生き方を提唱している印象があった。

本の表紙に佇《たたず》んでいる小池さんの写真を見ると、もの静かで、楚々《そそ》として、やっぱりテリー伊藤とは正反対にいる人なのだろうと思っていた。

なんでもしたがる生活をして、怒ってばかりいて、くだらないことばかり考えて生きてきたインチキ業界人と、悟りに向かって美しく生きている賢いお坊さんが向き合っても、果たして話がかみ合うのだろうか。欲望と煩悩《ぼんのう》の塊《かたまり》のような人間が、仏の道に生きる人間にこっぴどく説教されて「ハイ、おしまい」なんてことになったらどうしようと心配していた。

ところが、いざ小池さんの前に座ってみると、なんだかスーッと安らいだような気持ちになった。私が日頃の悩みや迷いを打ち明けると、小池さんは静かに頷《うなず》きながら、穏やかに、いつまでも私の言葉に耳を傾けてくれた。

煩悩だらけの私に「無理に捨てようとしなくてもいいんですよ」と優しく微笑んでくれた。「俺、わがままな男なんです」「すごくやっかいな人間なんです」「いい歳して、まだスケベなんです……」

そんな吐露を「ふむ、ふむ」と受け止めて、一つひとつ、わかりやすく問答してくれた。それは一切、偉そうなお説教でもなければ、教条的な決めつけでもなかった。

途中、小池さんの言葉が心地よい音楽のように聞こえてくる瞬間もあった。なぜか私の心が落ち着いてきて、さっきまでのストレスや不安がスーッとどこかへ流されていくかのように感じられもした。ちょっとキツく結びすぎていた靴のヒモが、ほどよく緩んだように楽になった。私のありのままを受け入れてもらいながら、ちょっと向こうに優しい光の道筋が見えてくるような気がした。

それは、私の進む道を照らしてくれる光でもあり、同時に、多くの迷える日本人の進むべき道を照らしてくれる光でもあるのではないか。日本には、こういう若くて頼もしいお坊さんがいる。それは世界に誇れることの一つである。

まえがき

小池龍之介

これまでの日本は、ある意味、煩悩をひたすら剥《む》き出しにすることを全肯定するような形で、社会を作りあげてまいりました。伝統的な文化やしきたりをどんどん破壊しつつ、それよりも個人の自己実現欲求や、経済的利益や、趣味の追求といった欲望を優先させ続けてきたのです。

そうすることで、居心地よくハッピーに生きられることを目指していたはず。それなのに、誰もが煩悩をぶくぶくと肥大させすぎてしまった結果として、皮肉なことにかえって、生きづらい思いをする人たちが、世の中にあふれ返ることになってしまったのです。

自己実現というナルシシズムにがんじがらめになり、高すぎる理想に縛られて神経症のような具合になっている人たち。インターネット上で、みんなからどう評価されているか知るのが楽しいように見えて、それは結局、人の目を気にしてばかりいることでしかないがゆえに、いつも何だか緊張していて、夜になってもぐっすり眠れない人たち。

あるいは、健康への欲望や若さへの欲望にとらわれてしまい、専門家がたれ流すデタラメな情報に右往左往させられ、かえって疲れてしまっている人たち。あるいは、所属するグループの友達から嫌われないように、明るく楽しいキャラクターを演じることで、疲れている人たち。

こうした神経症や不眠や焦りや疲労といったものは、いずれも煩悩が暴走した結果なのです。すなわち「慢《まん》」（自己愛）や「驕《きょう》」（外見への欲）や「覆《ふく》」（偽善・演出）や「貪《とん》」（利益への欲望）といったものが、それぞれ絡み合うことによって、現代人を苦しめているのです。

私もかつて、二十代半ば頃まで、人並み以上にこうした煩悩の炎を燃やして、パンクで格好よいつもりでおりましたが、それはそれは苦しく、不健康な日々を送っていたものでありました。そうしたドタバタは別著に記しましたのでここでは省くとして、そうした暗黒のドロドロを抜けてきましただけに、私には同時代人の立たされている苦境が、とてもクリアに見えます。

思うに、そうした黒々とした煩悩をあるいは手放し、あるいは飼い馴《な》らしてきた修行の中から、他の人々もまた、形は違えど似たようなことで苦しんでいるのだなぁ、ということが見えるようになったのです。

本書では、テリー伊藤さんとの対談を通じて、現代人や現代社会を支配する煩悩たちを、幅広くライトにいろいろと、取り上げました。

テリーさんから、素朴な疑問や、そして彼ご自身の煩悩にまつわる問いをぶつけていただきながら、そうした煩悩とどうやって、ほどよいバランスで付き合えばよいかを、語り合ってみました。

幸いにも、テリーさんがいくらかご自身の煩悩をさらけ出す勇気を出してくださったことを通じて、読者の方も自分自身の煩悩に結びつけて、実は自分もそうかもしれないと、気づくチャンスが散りばめられているかもしれません。

そうして、自分自身の煩悩の影に光を当てることになりましたら、どうかそれを「悪い」と否定するのではなく、ただただ「そういう自分なのであることよなぁ」と、温かい視線で受け止めてみてください。「いい」も「悪い」もなく、ただしみじみと「そういう己よなぁ」と。

その温かいまなざしが、己を溶かし、変容させるのです。そういう塩梅《あんばい》に、煩悩を肯定するでも否定するでもなく、うまく付き合うことになれますように。

小池龍之介さん、煩悩ってどうすればいいんですか？

目次

第3章 人間、悟ってしまっていいものか？

第4章　終わりなき男と女の関係

第5章 正しい生き方はない

装丁・本文デザイン　轡田昭彦＋坪井朋子
カバー写真　野辺竜馬
構成　松橋孝治
編集企画　髙木真明

第1章

煩悩を突き詰めよ！

テリー

六十歳過ぎても、
ぜんぜん煩悩が捨てられないんです。

小池

「煩悩を捨てたい」というのが、
そもそも煩悩なのです。

煩悩は「捨てる」ものではない

テリー　僕は六十を過ぎたっていうのに、いまだに煩悩だらけの人間なんですよ。女の子のお尻を追いかけ回すのはちっともやめられないし、車だってあれもこれも買いたいし、洋服ももっとほしい。仕事だって一発当てて、ひと儲けしてやろうと思っています。結局、いくつになっても「世の中がどうだろうと、自分はもっといい思いがしたい」と思っている若造と変わってないんですよ。

小　池　なるほど。どれだけ年齢を重ねても、若い頃のままの欲望が尽きないというわけですね。

テリー　そうなんです。基本的には「還暦過ぎても煩悩が消えないオッサン」のままで、我ながらあきれます。ただ、一方では、やっぱり年齢とともに煩悩が減っている自分を発見することもあって、それはそれで寂しかったりガッカリしたりもするんです。だから僕のなかには、いつも二つの気持ちがあるわけです。「いつまでも煩悩を捨てられない俺はしょうがねえなあ」という思いと、「煩悩があるから、がんばれるんじゃないか。煩悩がなくなったら終わりじゃないか」という思い。これ、どうなんでしょう？　煩悩って捨てたほうがいいんですか？

小池　何かを「捨てたい」という感情自体が煩悩です。「煩悩を捨てたい」というギュッと力んだ意識こそが、そもそも煩悩なのです。煩悩というものは「捨てよう」と意識すると、かえって、からめ取られるような性質があります。たとえば、私のところに瞑想《めいそう》に通ってこられる生徒さんたちのなかには真面目すぎるタイプが少なくありません。真面目すぎる人は「自分の得点をアップさせなくちゃ」とがんばる癖があります。ずっと学校で「いい点をとろう」とし続けてきた感覚で仏教も実践しようとするわけです。「煩悩を減らす」ということにおいても、高得点をとろうとするのです。でも、そういう気持ちで自分の心と向き合っても、なかなか心は変えられません。自分のなかにあるものを「捨てよう」とするのは、ある種の自己否定なのです。たとえば、自分の嫌なところを消し去りたい。嫉妬深いとか、嘘をついてしまうとか、他人を追い落としてでも利益を得ようとしてしまうとか、そういうところを直したいという気持ちがあるとしたら、いわば自分の本性を攻撃することになるわけです。「煩悩を捨てたい」とか「煩悩がある自分はダメだ」という自己否定からは、人の心はなかなか変えられないのです。ブッダはこう説いています。「こういう自分でありたいと思うから、そのようになれないときに苦しむことになる」と。つまりは、「こういう自分はダメだ」とか「こういう自分にならなければいけない」「煩悩のない自分になりたい」と急ぐ思いは、苦しみを生む元となるというわけです。

テリー　とすると、「煩悩があってもいいじゃないか」と思っているほうがいいということですか？

小　池　煩悩があるのは苦しみの元なので「いい」わけではないのですが、煩悩を過剰に否定する強がりをやめると、心が楽になるのです。「こういう自分にならなければいけない」という思いや「こんな自分はダメだ」という自己否定から一度離れてみると、自分を安らいだ気持ちにすることができます。自分の欠点を自覚して改善しようと思うこと自体は立派なことですけれど、自分を過剰に否定してしまうと苦しみが生まれます。まずは淡々と自分を受け止めつつ、落ち着いて自分の心を穏やかに見つめてみる。人はだれしも「こうなりたい自分」にすぐになれるものではありません。煩悩、つまり心の欠点を捨てようと力むかわりに、「あー、自分にはこうした煩悩があるんだなあ」と柔らかく見つめ受け止めてみるのです。こうして自分をただ見つめることで、「変える」のではなく、心が自然に少しずつ「変わる」のです。

テリー　なるほど。じゃあ、「自分をこういうふうに変えたい」と思ったときは、どういうふうにすればいいのかということをこれからこの本のなかで急ぐことなく、じっくりと小池さんに教わっていきたいと思います。

小池　お坊さんは
長生きする人が多いのです。

テリー　それって、図々しいからですか？

強い健康志向は毒になる

テリー　僕ら同級生が集まると、若い頃はあんなに女の話とか車の話が尽きなかったのに、いまでは病気とか健康の話ばかりになってきちゃいました。これって、僕らが煩悩を捨てられたっていうわけじゃなくて、性欲が弱くなったというか煩悩が薄まったというか、捨てたんじゃなくて薄まっちゃった感じなんです。欲望に向かって一直線に生きていたのが魅力でもあり欠点でもあったヤツの煩悩が薄くなったのを見ると、なんだか寂しいんですよ。

小　池　ふむー、それは年齢とともに煩悩の中身が少し変わってきたということであって、薄くなってしまったのではなさそうです。健康で生きていたいとか、病気のグチを言いたいというのは十分に大きな煩悩です。現代人の多くが取りつかれていると言ってもいい煩悩です。現代人が「お金を使っても惜しくない」と思う二大要素は、「これは異性をゲットするために有効か」という基準と「これは健康にいいか」という基準じゃないでしょうか。ただ、異性も健康も、どちらも遺伝子の生き残り戦略に支配されての行為だと言えます。「異性がほしい」というのは、基本的には自分の遺伝子をより長く生き残らせる。自分のコピーを相手との間に作って、自分はやがて死ぬけれど、次の世代まで遺伝子を残すという、その衝動のために走らされているようなところがあります。他方、「健康でありたい」というのも、しょせんどんなに長生きしても百年程度にすぎないこの人間の肉体をより少しでも長く維持して、その間に種をいくらかでも多く残したいという本能からくるものだったりするんです。

人間は皮肉なことに、健康になりたいという思いが強い人が健康になるのかというと、案外そうでもありません。さほど健康のことなど気にしないで、リラックスして生きていれば、精神的な緊張が非常に少なくてすみますから、結果として、けっこう健康に生きていたりします。昔からお坊さんというのは、健康になりたいなどという思いはまさに捨てて生きているのです。もちろん例外はあるんですけど。健康とか長寿の願望があまりないお坊さんたちなのに、人生五十年といわれた時代に、九十～百歳ぐらいまで生きたお坊さんがけっこう多いんです。

テリー　それはどうしてなんですか？　お坊さんはみんな図々しいからですか？

小　池　あはは。おっしゃるとおり、図々しいからかもしれません。私が思うのには、一つには、食べものが健康的ということもあるかもしれません。

テリー　そうか。毎日が精進料理だもんね。

小　池　ええ。そういう食べものを摂《と》っているので、血液を作る原材料がとてもいいという側面があります。それから、もう一つの側面として、日々修行をするなかで身体に集中したり、呼吸に集中したりしています。そうすることで自然と姿勢が正しく整い、呼吸もゆったりと整うのです。なおかつお経を読むときの息の使い方というのは、ずっと吐き続けているので、老廃物をいつも外に捨て続けていることになっているのかもしれません。

テリー　呼吸法という健康法が身についているんだ。

小　池　私たちお坊さんが日常生活の中で常にやっているのは、そうして身体が整ってしまうような息の見つめ方や動作の仕方だったり、目的意識というものをあまり持たないで、いまこの瞬間を生きるということに専念する。将来こうなりたいとか、健康でいたいとか、長生きしたいとか、未来に意識を向けないで生きています。そういうふうに、急《せ》かされないで「今」を生きる過ごし方をすると、脳内の神経伝達物質のセロトニンといわれるものを継続的に分泌し続けられる。そうすると、結果としてとても健康的になるんです。

テリー 健康になりたいと思っていないのに健康になっちゃう。

小　池 ええ、そういうことです。人は「健康になりたい」と強く思えば思うほど不健康に向かってしまうのです。

テリー ええ⁉　どうしてそうなるの？

小　池 「この先、自分は、いま以上に健康になりたい」という目標を立てると、その目標に向かって自分を縛ることになってしまうからです。「こうなりたい」と願うせいで自律神経のうち交感神経が興奮します。健康になりたいと強く欲望するせいで、自律神経が乱れてストレスや緊張が生じます。その緊張感によって人間は走ろうとするのですが、結果として、緊張＝ストレスを与えるので、身体には負担になるのです。

テリー 健康願望が強すぎると、逆にストレスを抱えて生きることになるわけだ。

小　池 そういうことです。もう一つ付け加えれば、現代人がみんな「いつまでも若くいよう」「若くなくちゃいけない」というテレビCM的な価値観に支配されているのは考えものです。「何歳になっても恋はしてなきゃ」とか「四十歳なのに二十五歳ぐらいにしか見えない」というようなテレビや雑誌的な価値観が主流になっていますね。

テリー　うん。年相応っていう発想がないんだよね。日本人はみんなロリコンみたいだよね。若けりゃ勝ちという価値観だもんね。

小　池　ええ、本当に年よりも若く見えることが幸福かといえば怪しいものですのにねえ。その瞬間はうれしいかもしれないけれど、後々を考えれば、よいことなのかどうか、ここでよく考えてみましょう。私たちは必ずや、だんだん身体も美しさも壊れていきます。いまは「二十五歳に見える四十歳の人」が、やがて八十歳になったときに六十五歳に見えてもあまり意味がないでしょう。最終的に九十歳、百歳となって、自分の肌がボロボロになり、内臓がボロボロになっていくのです。そのとき、自分の健康こそが大事だと思って生きてきた人や、自分の肌の若々しさこそがプライドだった人ほど、実は最後の最後で自分が壊れていくときに、耐え難い苦しみを味わうことになってしまうのです。自分の美や健康や若さが、いよいよ壊れたとき、それらのことを重要視してきた人ほどダメージが大きい。最初から別に自分はいつまでも美しくありたいとも思っていなかったし、若々しいとも思っていなかった人が受けるダメージを10だとすれば、自分の美や健康や若さをアイデンティティーにして生きてきた人のダメージは１００にも２０

0にもなります。

テリー 最近は女の人だけでなく男もそうだけど、老いを防ぐために美容整形をしてシワを取ろうとしたり、多くなってきましたよね。

小　池 それは、言ってみれば、将来いざ自分が死ぬときに、死を受け入れられなくする準備をしているようなものなのです。生に執着したり、若さに執着したりするということは、老いていくという自然の流れに逆らうことになるのです。けれども、そういったことをすると、必ず運命に逆らおうとした報いが訪れます。最後に死ぬときに、「ああ、自分は死んでいくんだな。生き物はみんな老いて死んでいく」と思って穏やかに死ねたら、意識の途切れる最後の最後の思考が穏やかになります。それがいわば、人生というゲームをある意味良好な「上がり」で終えられるということなのですが、最後の最後に「嫌だ」と思いながら死ぬことになると、どんなに途中がよくても、最後がバッド・エンディングになってしまいます。

テリー そういう傾向って、日本人がとくに強いのかな。外国人って、日本人に比べて、あまり若返り願望とか若作りみたいなことはしていないような気がする。メリル・ストリープって僕と同い歳なんだけど、彼女が映画のキャンペーンで日本に来たとき、対談したんですよ。テレビなのに、ほとんどスッピンだった。日本の女優は痛々しいぐらいに特殊なメークをしたり整形したりする人が多いけれど、メリル・ストリープは、なんていうか堂々としてるんですよ。それがカッコよかった。そのほうが逆に歳相応の美しさがあったんですよ。

小池　ありのままを受け入れること。それができているんですね、その方は。そういう人はストレスもないから、かえって肌が生き生きしていたり、元気だったりするんです。

テリー

すぐキレるテリー伊藤は、やっかい者です。
でも、丸くなったら
価値がなくなってしまうような気がする。

小池

怒るというのは、
支配欲の表れでもあります。

怒りのエネルギーの扱い方

テリー　「怒る」ということについて教えてください。僕もこの歳になったせいか、「テリーさんは丸くなったよね」って、よく言われるんですよ。たしかに若い頃は撮影現場でも、すぐに大声で怒鳴っていました。でも今は、昔だったら怒っていた場面でも怒らないようになった。周りの人たちからすれば「すぐキレるテリー伊藤は、やっかいなヤツ」だったと思うけど、僕自身は「ムキになって怒っていた頃の自分のほうがよかったな」と思う部分もあるんです。怒るというのは若さでしょ。怒りというのはエネルギーでもあるわけですよね。それがなくなって丸くなってしまうというのは、どうとらえたらいいんですか？

小　池　丸くなったことを肯定的にとらえるか、それとも否定的にとらえるか。まず「丸くなってよかったな」と感じるのは、怒ることで自分が受けるダメージがなくなるから、自分が楽になるからです。いままで怒っていたときというのは、テリーさんに怒られた相手の人も辛かったでしょうが、テリーさん自身も苦しかったはずです。怒らなくなって、その苦しみがなくなったのですから、「よかったな」となるのでしょう。では、なぜ「でも、怒っているときの自分のほうがよかったんじゃないか」と感じるのか。テリーさんが言うとおり、怒るというのは、力の発露に結びつく面もあります。他者に対して怒ることができる。そうすることで、相手が自分に従ったり、萎縮《いしゅく》したり、謝ったり、相手が女の子なら泣きながら恭順《きょうじゅん》を示すこともあるでしょう。そうした相手の態度を見て、人間は支配欲の煩悩を満たされるということがあるのです。

テリー　僕が怒るのは、ほとんど仕事のときなんです。「お前、どうしてこんなことができないんだ!」とか「グズグズするな!」とかって。もちろん、そこには自分の弱い面があることもわかっていたんです。「俺がもっと上手に教えていればよかったんじゃないか」と反省したりもする。でも、生放送とか緊迫した場面では、いちいち丁寧に説明していられないことも多いんです。そこで「いい仕事のために」という正義にかこつけて怒鳴ってしまう。そういう自分をいま思い返して「あの頃は未熟だったな」と思う反面、「いつもピリピリ、カッカしていた頃の情熱はどこへ行ったんだろう」という気持ちもあるんです。

小池　一方では「成熟した人間として穏やかでいたい」と思い、他方では「未熟なまま、情熱的でありたい」と思う。矛盾した二つの思いがあるわけですね。まず、「どうしてこれができないんだ」と怒っていたことについて、つまり、指導する側が指導される側を怒るという行為について考えてみましょう。親が子どもに勉強を教えているときに、怒ったりケンカになってしまったりという例がよくありますよね。私も子どものとき、父親にスポーツや勉強を教わるときに、よくそういうことがありました。なぜ親は怒るのか。本質を突き詰めれば、自分が教えたことによって、相手がちゃんとできるようになったら、自分の有能さが、ちゃんとコーディネートできているということが実感できて、ナルシシズムが満たされるんです。自己愛が満たされる。その反対に、自分が教えているにもかかわらず、それがうまくいかないと、自分の教える能力を相手に否定されているような気持ちになったり、相手をちゃんと統率できていないという自分の無力感を突きつけられるような気持ちになる。そこで、相手を怒り、攻撃することを通じて、自分の力を正当化しようとする。「自分はちゃんとできるんだぞ」と自己暗示をかけて、無力感を見ないふりをするために、怒っているようなところがあるんです。テリーさんは、きっとそれをうっすらとご存じだったからこそ、「自分がちゃんと教えていれば」という反省もできた。でも、また怒ってしまう。それが、やがて怒らなくなったということは、理にかなった態度をとれるようになった。つまり、成長したということです。

テリー おとなに成長できたかもしれないけど、未熟さゆえのあふれる情熱はどこへいっちゃったのか。

小　池 一方では成長できた。でも、他方では、そうやって怒ることを通じて、情熱という力の一つのバリエーションを得ていたものが消えてしまった。これをどう考えればいいかということですね。情熱からくる怒り。それが自分の力の発露みたいなものだった、と。

テリー はい。そうだったんじゃないかと。

小　池 それは、生きものとしての本能行為のようなところがあります。自分の支配領域を広げたいとか、自分の力をより強いものとして実感したいとか、そういった、人間にかぎらずあらゆる生きものがそれに基づいてしのぎを削ろうとする。つまり、勢力争いをしているようなものだと思います。ところが、どこかでそれではいけないと気づいて争わなくなる。たぶん私も人生の前半戦をひたすらその勢力争いに費やしてきました。

恋人といたらいたで縄張り争いをしたり、より自分のほうが相手より優位になって、パワーを持つ側に立とうとしたりする。友人関係であれば、より気の利いたことを言って相手よりも上に立とうとしたり、見栄えのよさそうなことをしようとしたりする。そうやって力を追求することを私も人生の前半戦ではやってきました。けれども、そうやって勝ったとしても、別に幸せにならないし、お互いがしのぎを削って、衝突しても、あまりいい結果は産まないなということに気づき始めた。そうすると、そんな争いや突っ張ったり怒ったりということをしたくなくなると思うんです。やっぱりテリーさんも、人生六十年を生きてきて、たくさんの貴重な経験が染み込んでくると、賢明なればこそ、徐々にやりたくなくなっていくものなんじゃないでしょうか。

テリー　若い頃は情熱もあったけど消耗もした。そういう消耗戦から無意識のうちに身を引いていたっていうことなのかな。

小　池　きっとそういう面があったのだと思います。

テリー

女にモテたいという煩悩こそが、
男のエネルギーの源なんじゃないの？

小池

エネルギーではあるけれど、
けっこう燃費が悪い燃料です。

押し寄せる刺激とどう向き合うか？

テリー　僕の数多い煩悩の中でも、もっともやっかいなのは女にモテたいというものです。というか、僕にかぎらず、男はみんなそうだと思う。ただ、それがいけないことかっていうと、そうでもないですよね。「女にモテたいからがんばる」というモチベーションになるから。たとえば、ミュージシャンでもプロ野球選手でも、トッププレーヤーたちに話を聞くと、みんなそう言うんですよ。「なぜ音楽をやろうと思ったんですか？」と聞くと、「そりゃあ、女にモテたいからに決まってるでしょ」って。

小　池　音楽にしろスポーツにしろ、あるいはそれ以外のジャンルにしろ、多くの人々に注目され評価される成果を上げると、注目してくれる人々の半分は基本的に異性ですね。だからこそ、一層「がんばろう」というモチベーションになる人がたくさんいるんでしょうね。

テリー　それって、悪いことではないですよね。

小池　いいとか悪いという判断をする問題ではないような気もしますが、少なくとも「悪い」とは言えませんね。

テリー　でも、若いうちはそれでいいし、だれしもそういうものだけど、僕みたいに、いい歳してまだそうだっていうのが、ね。

小池　テリーさんは、お子さんをつくられたことはありますか？

テリー　ないです。

小池　なるほど。もし一人でも子どもをつくったら、もう少し違っている可能性もありますね。つまり、他の生物と同じように、人間も遺伝子を残すために生きているという面があるようです。進化生物学者のリチャード・ドーキンスが唱えた「利己的な遺伝子」という説が昔ありました。私たち人間のこの体というのは、単に遺伝子が乗り継いでいくための乗り物として、遺伝子に利用されているだけだという説です。それに沿うとすれば、子どもが生まれて自分の種を残したら、いわばもう用ずみなので、年老いていくにしたがって、性欲がなくなっていくのは自然なことなんです。でも、まだ自分の種を残していないと、自分の遺伝子に「子どもをつくれ」という命令をひたすらされ続ける。それが「モテたい」という欲求にずっとつながっているとも考えられます。

テリー　そうか。遺伝子の命令のせいだったのか。

小　池　という一つの説です。ただし、人間は他の生きものと比べて脳が発達していて、したたかなので、遺伝子の命令とは違う行動もします。遺伝子の命令によって性欲を増したり、モテたいと思ったりしているくせに、他方で避妊技術を編み出したり、ＡＶで自慰行為に耽《ふけ》ってみたり、種の保存に反するような性行為とか、遺伝子の保存戦略からすると都合の悪そうな行動もしているのです。遺伝子の命令を欺《あざむ》くような性衝動を持ったり、遺伝子の意思に背くような異性とのかかわり方をしたりもする。つまり、種の保存という目的とは別の方向へと性欲だけを独立させてしまうことができるようになっているように見えます。

テリー　ホモとかレズって、遺伝子の命令に逆らって生きる強い生きものなんだ。おもしろいなあ。遺伝子のおかげでいろんな衝動が湧いてきたり、いつまでも女の子を追いかけたりする。それがいい音楽を作るエネルギーになったり、金メダルをとるパワーになったりもするわけですよね。

小　池　テリーさんが言うように、「人間の煩悩そのものがモチベーションにつながり、がんばる力になっているんじゃないか」という質問は、ことあるごとにお坊さんである私にぶつけられ続けてきた問題の一つです。「煩悩を失くしたら、生きていく気力がなくなるんじゃないか」という疑問ですね。

テリー　そうですよね。この前、瀬戸内寂聴さんと話をしていたら、「テリーさん。私なんて煩悩だらけよ」と言っていました。もしかしたら、若い頃にあれだけの経験をして、自分の煩悩に悶絶して、そして、修行の道に入って生きてきた瀬戸内さんでさえ、煩悩がモチベーションになっていたのかもしれませんね。

小　池　あはは。そこまでシンプルに煩悩を全肯定されると、仏教の存在意味が消滅する気もしますけれどねぇ。たしかにテリーさんが言われるように、人間の煩悩がモチベーションになっているという側面もあると思います。他方で、煩悩というのはマッチポンプみたいな側面もあります。ある強い欲求を満たしたいがためにがんばって緊張状態が続く。それによって自分の願いが叶うと、その瞬間はとても気持ちいいのですが、また欲求に向かって緊張して、苦しくなって……。ということを繰り返すので、燃料としては、あまり楽な燃料じゃないことも事実です。瞬発的な力は出すけれど、ストレスを残しがちです。「煩悩エネルギー」は、いわば、エネルギーとしては、あまり燃費がいいとは言えません。

テリー　煩悩とか欲求をもっと上手に使えればいいんですよね。ストレスとか、緊張とか、苦しまないですむように。

小　池　そのとおりです。燃料をうまく使ってやる必要があるんです。つまり、適度な刺激というのは人間を活性化させることもできるけれど、過度な刺激はストレスになってしまいます。いかんせん、現代社会は、その刺激が強すぎるのです。たとえば、江戸時代の人は、煩悩をほどほどに刺激されて生きられる社会状況のなかにいたのではないでしょうか。異性関係で煩悩を抱えても、衣食住の物欲があったとしても、過剰に煩悩ばかり追求しなければいけないような社会じゃなかった。煩悩と煩悩じゃないものを比較的うまく両立させながら生きていけたように思います。ところが、現代人は四六時中煩悩を刺激していなきゃいけないような感じだから……。

テリー　モノも情報も、どんどん新しいものが出てくるもんねえ。あれがほしい、これがほしい、旅行にも行きたい、こういうイケメンな彼氏もほしい。テレビも雑誌もインターネットも煩悩を煽《あお》るものだらけ。商品やスポーツやセックスなどの情報は、煩悩増殖装置だもんなあ。たしかに江戸時代の日本人といまの日本人の煩悩は、同じ生きものとは思えないほど違うんだろうなあ。なにしろ一歩外に出れば、お金がかかることばかりですからね。刺激はたしかに強いですよね。

小　池　そうです。そのお金を使って何をするかというと、私たちの神経を刺激して、麻薬と同じ、ドーパミンという快感物質を分泌させることに躍起《やっき》になっているわけです。いかんせん、その脳内麻薬による快感は、ときどきうまく使ってやると気持ちいいんですが、あまり連続してドーパミンを出していると、今度はドーパミンを受け取る神経の受容体が麻痺《まひ》してくるんです。麻痺してくるとどうなるかというと、それまでと同じようなドーパミンの量を出しても、気持ちよくならない。そうすると、以前は気持ちよくなれた行為をしても満足できなくなって、イライラしてしまうのです。

テリー　そうか。「もっと強烈に、もっと強烈に」って、どんどん強い刺激を求めてしまうんだ。じゃあ、現代人は、どこかで江戸時代の日本人みたいに刺激を減らす努力も必要だということですね。

小　池　まったくそのとおりです。毎日毎日刺激に向かっていく生活を一休みする。一度ドーパミンを出したら、しばらく受容体を休めてやる期間を設ければいいのです。たとえば、おいしいものを食べて「おいしいな」と感じても、ずっとそれを食べていたら、もう「おいしいな」とは感じなくなってしまいますよね。でも、一度そのおいしいものを食べたら、しばらく時間を空けてから食べる。そうやってもう一度、快楽を味わわせてやると、飽きもこないし、麻痺もしない。ちゃんと「おいしい」と味わえます。ところが現代人は、まさにひっきりなしに刺激を受ける状態にあります。テレビなどのマスメディアで音楽や映画を次々に観るだけでは飽き足らず、インターネットでその何百倍も何千倍も受容できる状態になり、さらには、自分自身も情報を発信するようになった。自分が発信したものを人に見てもらって評価を受けるとか、人とコミュニケーションするとか、これはもう四六時中ドーパミン受容体を刺激し続けている状態です。そのせいで、刺激の処理の仕方がわからなくなってしまった。いわば煩悩をうまく使いこなせずに、自分の「気持ちいい」と感じるための受容体を壊してしまった状態なんです。

テリー セックスの刺激の求め方がエスカレートしてしまうのと一緒ですよね。

小池 ええ。際限なくいきすぎてしまうと、どうしようもなくなってしまう。なんであってもやりすぎると面倒な世界まで行ってしまいます。SMにしても最初は気持ちいいかもしれないですけど、そうやって繰り返しているうちに刺激が足りなくなってきて、じゃあエスカレートすればいいのかというと、そうではありません。

テリー もう相手の首を絞めたり本当に死に向かったり、とんでもないところまで行くことになっちゃう。

小　池　実は現代の最大の問題点というのは、そこにあるような気がします。そうやってどんどんエスカレートしていった挙句、「もう最後はこれ以上はない」というところまで行き着いてしまって、飽和状態に入ってしまった。もはや何をどれに換えてももうつまらないという感じの、ウルトラ平板状態になっている。

テリー　ということは、煩悩とどう向き合うかという問題を考えた場合、現代人っていうのは人類史上、いちばん難しいところに来てしまったのかな。

小　池　そういう気がします。煩悩とうまく付き合うためには、それにとらわれる頻度を減らす努力が大事だと思います。現代的な強い刺激から遠ざける時間を意識的に作るしかない。夢中になっていろいろ追い求めているものの数を減らす。ボウボウになった髪の毛をすいてあげるような感じで「煩悩を間引く作業」をするのがいいと思います。

テリー　煩悩を消そうとするんじゃなくて、少しずつ間引いていけばいいんだ。

小　池　はい。煩悩ということについて、一度、ここで整理しておきましょう。「煩悩があってもいいですか」とか、「煩悩はダメですか」とか、はたまた「煩悩あってこそ人間なので、煩悩はいいものですよね」といった質問は、しばしばいただくものであります。実は、その問い自体が間違っているのです。すべてのものを「いい」か「悪い」かのどちらかに分類して、ジャッジしようとする姿勢にこそ問題があるのです。なぜなら、もし煩悩が「いいもの」だとしたら、「苦しみが多ければ多いほうがいい！」と叫んでいるようなものなのです。そうした苦しみを解決してハッピーに暮らせるようになることにこそ仏道実践があるのですから、煩悩が「いい」ものであるはずはありません。

テリー　かといって、煩悩は「悪い」ものでもない。

小　池　はい、そうです。煩悩は「いい」「悪い」というものではなく、単なる心理現象です。たとえば物理現象として落下してゆく運動に「いい」も「悪い」もなく、それは「ただそのようである」というだけなのと同じこと。自分の心の乱れに対して、もし「煩悩だ、悪いものだ」とジャッジするなら、自分の心に対して「悪者だ！　敵だ、やっつけろ！」という攻撃的で乱暴な感情が生じるでしょう。そしてその攻撃性こそが、強烈な煩悩なのです。自分自身と敵対しても、うまくゆきません。ですから、「いい」とか「悪い」とかいう二者択一からは脱出して、ただただ、己の煩悩に気づくようにする、光を当てるようにする。それが、仏道において肝心なことなのです。

テリー　なるほど。少しずつ見えてきた気がします。

テリー

他人をうらやむ気持ちが
いつまでたっても消えないんです。

小池

嫉妬することよりも、
嫉妬心をごまかそうとするほうが
やっかいな煩悩です。

嫉妬心を否定しない

テリー　他人をうらやましいと思う気持ちがいつまでたっても消えないんですけど、これ、どうしたらいいんでしょう。たとえば、僕はテレビに出る仕事をしているから、そういう仕事をしたいけれどできないっていう人から見れば、うらやましいと思われるかもしれない。でも僕は僕で、テレビを観ると「俺もこういう番組に出たかったよ。出ている人がうらやましいな」と、いつも思うんです。「なんで俺じゃなくてこいつが出てるんだ」とかって。あと、すごく好感度の高いタレントなんかを見ていると、「うらやましいなあ」と思う。人の幸せを心から喜んでいる人とか、一般の人たちの生活や仕事を応援したり、病気の人たちのところに出かけていって、涙を流しながら握手したり励ましたりしているタレントを見ていると、すごくうらやましい。「俺はこんなふうにはなれないなあ」と思うんですよ。

小　池　人の幸せを心から喜んであげたり、いつも自分のことより人のことを大切にしたりして、とても素晴らしい方々というのが、芸能人の中にもそれ以外の人の中にも、たしかに見受けられますね。ポイントは、本当に本心からそういう人がいるのかということです。テレビに出ている人の中には、それを演じている人もいるでしょうけれど、ふつうの奥さんが演じていないのかといえば、それはどうでしょう。たとえば、その奥さんがお隣の子が有名な学校に合格したときに「ご立派ですねえ。本当に素晴らしい。おめでとう」と満面の笑みで祝福しているとして、本気でそう思っているでしょうか。

テリー　思っていないでしょうね。本気でうらやましいとは思っているだろうけど。

小　池　そう。そこがポイントです。人間だれしも嫉妬心を持っています。そして、だれしも「嫉妬という感情は醜い」と感じています。なぜ醜いかというと、私たちの心には「自分の利益を増やしたい」という思いがまずあって、自分の利益が実現すればそれでいいのですが、そうでないときに他人の利益が実現すると、そのせいで、あたかも自分の利益が減るような気がする。そこで嫉妬する。そのときの嫉妬心には「他人の利益が下がったほうがいい」という感情が含まれているのです。

テリー　人の失敗を喜んだり、人の不幸は蜜の味だったりしますからね。

小　池　そのとおりです。でも、だれしもそういう感情を他人には見せたくないと思っています。それは醜い感情であり、そういう感情を悟られてしまうと、自分の評価が下がったりしてしまう。それを避けたいがために、嫉妬心を隠して、いい子ぶったり、人の幸せを喜べる人間を演じたりするのです。

テリー　ということは、人をうらやむというのは人間だれしも持っている感情であって、嫉妬なんかしない人だと思われている人は、みんなそういうふうに演じているということですね。

小　池　はい。嫉妬というのも煩悩ですが、もっと根が深い煩悩は、嫉妬しているくせに嫉妬していないふりをすることだと思います。自分の嫉妬心を抑圧して「あなたは立派ね」と笑顔で褒《ほ》めたり、「よかったね」と一緒に喜んでみせたりする。たとえば、テリーさんのいる芸能界では、だれかが何か大ヒットを飛ばしたり大きな賞を受賞したりしたときに、周囲の人たちが「おめでとう」と大喜びで祝福しているという光景はよく見られますよね。

テリー　よくありますね。

小　池　そういうとき、お祝いを述べている人の心象はどんなものでしょうか。同じジャンルにいる人が利益を上げるということは、相対的に自分の利益が下がったり、こちらの価値が下がったりするということだから嫉妬するのはふつうのことだし、それは人間なり芸能人なりの本能のようなものです。そういうだれしも持っている嫉妬心を隠して、さも嫉妬していないように振る舞うことで嫉妬心が消えるのかといったら消えないのです。嫉妬心があるのにそれを隠すというのは、いい子に見られようというさらなる煩悩がそこにあるからです。つまり、二重の煩悩にからめとられているということです。真面目すぎる人や、自分は醜い感情のない、いい人間でありたいと願う人にそういう傾向が見られることがあります。

テリー　じゃあ、別に人をうらやんだり嫉妬したりすることはそんなに悪いことじゃないということですか。

小　池　はい。それは、良い悪いを超えて、だれもが実は抱く感情なのに、「よくない感情だから、そう感じる自分を打ち消さなければいけない」と思うことのほうがストレスになってしまいます。これをごく当たり前のことだと考えれば、リラックスもできて、かえってそんなに嫉妬しなくなるかもしれませんね。

テリー

お金は多少あるんですけど、
なくなったらどうしようという
不安が消えません。

小池

お金そのものを失うのも怖いけど、
お金を使うことで得られた
満足感を失うのも怖いんです。

お金とスマートに付き合う練習

テリー　お金という煩悩についてですが、どうもお金っていうのは、金持ちであればあるほどお金に対する執着が強いような気がします。お金持ちにかぎって脱税とかしますよね。野村沙知代さんが脱税で捕まったとき、「老後が不安だったから」と言っていたのを聞いて、僕らは「あんなに夫婦で稼いでたっぷり貯めているのに、まだ不安なんだ」と思った。お金っていうのは、たくさん持てば持つほど、もっと持たないと不安になってしまうものなのかなって。自分の人生設計の中で、あとどれくらいお金があれば大丈夫なのかというのを計算するのは、そんなに難しいことじゃないはずなのに、なんでああなっちゃうんだろう。もちろん、老後とか病気とか介護とか、心配すればいくらでも多いほうが安心できるというのはあるかもしれない。で、そのせいもあるんだろうけど、そうやって蓄えても、日本人って、ぜんぜんお金を使わないですよね。老後が不安だと言って貯金に手をつけないまま、たくさん残して死んでいってしまう。結局、人の心の安心っていうのは、お金をたくさん持っているか持っていないかよりも、お金にとらわれているのかいないのか。そっちのほうが大きいんじゃないか。だったら、もう少しお金という煩悩から解放されるような生き方ができればいいんじゃないか。そもそも、お金って人間にとって、どういうものなんですか?

小　池　お金というのは、サービスと交換するためのものです。有形無形の商品やサービスの対価としてお金があって、それが過不足なく健康的に行き来しているだけであれば、お金がこんなにも人の心を乱すようなことはなかったはずです。ところが、実際にはお金が人の心を蝕《むしば》んだり傷つけたりすることも少なくない。現代のように衣食住が足りすぎている環境であればあるほど、そういう問題に発展する可能性が高くなっていると言ってもいいでしょう。

テリー　それって、いったいどういうことなんでしょう。

小　池　「サービス」ということについて考えてみると、見えてくるものがありそうです。私たちはお金を使って、他人からサービスを受ける。サービスとは「奉仕する」という意味ですから、お金で相手からサービスを受けるというのは「お金で相手に奉仕させる」ことだと言えるでしょう。サービス（service）とは語源的には、「奴隷労働」

を意味する言葉です。あえて乱暴な言い方をすると、お金というのは奴隷のように奉仕させるために相手に渡しているのだとも言えます。だから、お金を払う側は、わがままなことを言ったり、お金を受け取る側はペコペコしたりする。買う側と売る側の関係性は、ご主人様と下僕のような主従関係になりやすい。ご主人様になって相手を従わせるというのは気持ちのよいことなので、お金を使うという行為は、商品を手に入れることとはまた別の快感が伴うのです。

テリー　たしかに、同じお金を払って同じ商品を手に入れるときでも、「あそこはスタッフの態度が悪い」とか「あの店は感じがいい」ということを日本人はとくに気にしますよね。商品だけでなく対応の良し悪しも評価の対象になる。その品物を買って帰れればそれでいいっていうんじゃなくて、「ちゃんと接客しろよ」とか「私をちゃんと扱えよ」みたいな気持ちがありますよね。

小　池　自分はお金を払っているのだから大切にされるべきだという気持ちがあるのです。そうやって、お金を使うたびにご主人様になったかのような快感を得るという経験をしていくと、今度はその快感を失ってしまうのが怖くなってくる。お金そのものを失うのも怖いけれど、お金を使うことで得られていた快楽を失うのも怖い。つまり、お金というのはモノを支配できるツールであると同時に、他人を支配できるツールでもあります。それによってある種の権力欲が満たされたり、自分の支配力が及ぶ領域が広がったりする。社会のなかにおける自分の位置や価値をお金でしか実感できないという人は、ますますお金に対する執着心が強くなるでしょうし。他人から見れば「あの人はもう十分にお金を持っているだろうに、なんでさらにほしがるのかな」と思われるような人というのは、そういう気持ちが強く働いている場合もあるでしょう。

テリー　ああ、たとえば、連れ合いにも友人にも愛されなくなってしまった人が、お金を使うことによって大事に扱われて、そこで満足するとか。

小　池　そういう人もいるでしょう。

テリー　それとか、自分の価値にあまり自信がない人なのかな。連れ合いとか家族には愛されていても、社会のなかでは自分は何の立場もないって感じている人。高いお金を払って買い物をして最高級のサービスを受けていると安心できるという人。そうなっちゃうと、モノの問題じゃないから、お金はいくらあっても足りないし、お金がなくなるのが何より怖くなっちゃうよなあ。

小　池　高いお金を払って満たされる経験を重ねていると、その回数や金額が多くなればなるほど相手の従属度は高まります。その結果、それがより強く刷り込まれて、お金でしか自分のプライドを保つことができなくなって、逆に自分がお金に支配されてしまうという例もあるように思います。

テリー 僕の場合でいえば、たしかに若い頃よりはお金があるかもしれないけれど、じゃあお金の不安がなくなったかといえば、むしろ反対のような気もするんです。この歳になって、この先のことを考えると、お金は貯めておかないと不安だっていうのもあるけど、逆にこの歳でお金なんか貯めたってしょうがないじゃないかっていうのもある。どうすればいいんですか、これ？

小　池 ある程度お金がある人について言うと、お金を使うのも大事なことなのです。

テリー やっぱり。

小　池 お金持ちのなかには、お金持ちであるにもかかわらず、絶対に損をしたくない、減らしたくない、少しでも得したい、少しでも安いものを買いたい、もっと節約したいという気持ちをずっと強く持ち続けている人が少なくないように見えます。

テリー ああ、「金持ちにかぎってケチだ」ってよく言いますよね。それって、ダメなんですか？

小　池　さきほどの話のような、お金に支配されてしまっている人にそういう人が多いのです。お金が十分にあるのに、お金に縛られているからケチケチするわけです。それは貧しい心からくるものなんだ、貧乏くさいことなんだと気づけば、ケチケチもしないし、お金を使いもするのです。ケチケチするというのも、実は一つの煩悩なのです。

テリー　ケチも煩悩なの？

小　池　非常に強い煩悩です。「自分の持ち物が減る」ということをイメージして、そのイメージに対する抵抗感が非常に強くて苦しむという煩悩です。では、ケチケチしたら、本当にその人が得をしているのかということを考えてみましょう。ここに十万円の服があったとして、それを五万円に負けてもらって買ったら、本当に得をしているのか。どう思いますか？

テリー　そりゃ得したと思いますよね、ふつうは。

小　池　そうでしょうか。たかだか五万円のために自分の精神が非常に縮こまったような状態になって「五万円すら失いたくない」という緊張感に支配されてしまう。つまり、お金に支配された惨めな状態になっていることが、本当に得なのかということを考えると、総合的に実は損をしているのです。あるいは、もっとあからさまな例は、同じものを負けさせるのではなく、目の前に十万円の服と五万円の服があるとします。そこで「本当は十万円のほうが気に入っているけど、五万円のほうでいいや」という買い物をしたとします。これは心の豊かさと貧しさという点で見ますと、「五万円のほうでいいや」というのは「五万円浮いた」と得した気分になっているようでいて、実は惨めな思いをしているのです。「自分は五万円少なく払うために気に入っていないほうを選んだ」という思いをしている。「自分はお金のために好みをねじ曲げる人間なんだ」という惨めさを「得した！」という思いで隠しているだけです。その惨めさと五万円とどっちが重要なのかというと、本当は五万円を捨てても十万円のものを買ったほうが満足感が得られるはずなんです。ところがそこでケチってしまうと、満足感をちゃんと満たしていないから、またすぐに別のものを買いたくなる。

テリー　それって、よくあるなあ。結局、安物買いの銭失いになっちゃうんだよね。あそこで本当にいい物を買っておけば、こんな金の使い方をしないですんだのにって。その繰り返しになっちゃうこと、あるよなあ。

小　池　そこを意識して、モノを選んだりお金を使うという練習をしていくことも大事ですね。あえて十万円のものを買ってちゃんと満足する。結果として、買わなくていいものを買うこともなくなるから合理的です。

テリー　実は高いものを買ったほうが経済的で、ケチってると満足感がないからまた買い物して不経済だと。

小　池　ケチる心が湧いてくる人は、それを克服して、お金を素直にサラリと使えれば、自分はお金に支配されていないという誇りを得られると思います。すると、だんだんお金を失うのが怖いという気持ちも減っていくんじゃないでしょうか。

第2章

幸せの法則

テリー　死ぬまでずっと
わがままなことを言っているのかなって。
われながら面倒くさいんですよ。

小池　そう言い続けられているうちは、
まだいいけれど、
できなくなったら苦しみますね。

快感は使い回しできない

テリー　この歳になっても欲張りで、わがままで、俺ってどうしようもないなって思うことがよくあるんですけど、こういう僕みたいな人間は、もう一生、治らないんですかね。もっと面白いテレビ番組を作りたいと思うし、もっと楽しい番組に出たいと思うし、もっと視聴率がとりたいと思うし。こういう男は、もう最後まで、それこそ老人ホームとか病院に入っても、やれもっといい部屋をよこせだの、飯がマズイだの、隣の音がうるさいだの、もっとかわいいヘルパーにしろだの、痛くない注射にしろだの、死ぬまでずーっと、わがままなことを言ってるのかなって。

小　池　よりよい番組を作りたいというような仕事面のことだけじゃなくて、あらゆることに関して自分が望む水準を満たしたいという気持ちが強いと、ストレスを感じる回数が多くて自分を苦しめ続けることになるから、可哀想ですねぇ……。

テリー　部屋を借りたりホテルに泊まったりするときでも、「もっと眺めがいい部屋はないのか」とか、僕、わりと不眠症気味なんで「音がうるさくて眠れないから、もっと静かな部屋がいい」とかって、われながら面倒くさいんですよ。

小池　それで、よりよい部屋になると、一時的にうれしいと思うけれども、それは単なる記憶になるだけなんですよね。「あのときは望みどおりの部屋で寝られてうれしかったな」という記憶は、もはやこれから先に役立つ事柄ではないのです。また次の新しい何かを求めたり手に入れようとしていくことになるだけのことで、疲れるでしょうね。たとえば、番組作りもそうだと思います。私のことで言えば、いい本が書けたと思ったとしても、その瞬間は気持ちいいのですが、もうそのうれしさは、あとで自分を支えてはくれない。しばらくたってから「あのときは、いい本が書けたな」と思い出して気持ちよくなろうとしても無理なのです。快感というのは使い回しはできないのです。快感が使い回せるのなら、わがままを通す意味もあるでしょうけれども、諸行無常というとおりに、快感は保存もフリーズドライもできず、消えていって不満足感が残るだけ。結局のところ、その気持ちよさやうれしさをどんなに味わっても、自分が気持ちよかったという、あとで役に立たないアルバムを作っていっているだけだとも言えます。

テリー　そうなんだよなあ。

小　池　若さを追い求めるのと同じで、その気持ちよさを味わえば味わうほど、そうじゃないものを受け入れがたくなり、不快になるきっかけが増えていきます。たまたま恵まれた環境にあって、わがままが言い続けられるうちはいいかもしれないけれども、もしそれができなくなるような立場に置かれたら、そうとう苦しいでしょうね。

テリー　苦しむでしょうね。やっぱり自分で戒めていくしかないんですかね。

小　池　ほほーう、「戒める」ですか。何やら非常に道徳的な言葉が出てきましたね。人間、自分で自分を戒めるというのは、とても難しくて、そうしようと思っても、なかなかできることではありません。私もいまだにそれは非常に難しい修行の一つです。

テリー　じゃあ、小池さんはどうしているんですか？　たとえば、さっきの「いい本が書けて気持ちいい」と思ったあとは、どんなふうに心を持っていくんですか？

小　池　気持ちのよさを測定するようにしています。何かが実現して、気持ちよくなったとき、その気持ちよさがどれくらい持続するのか、ちゃんと測定してみるのです。私などが自分を測定していて思うのは、そういう気持ちよさというのは、思っていたよりほんの少ししか続かないものだなということです。

テリー　それは小池さんが修行によって欲望を抑えられるようになったからですか？

小　池　いえ、そうではなさそうです。私もいまだに「これはいい本にしたい」とか「きょうは何とかいい講話をしたい」という煩悩はあります。それが成しとげられたとしても、その快感というのは、よく自己観察してみると、ちょっぴりしか続いていないのです。続かない、無常だと。そうした測定をすればするほど、ああ、そんなに「どうしても気持ちよくなりたい」と思っても、気持ちよさはどうせすぐ消えるからあまり意味ないよね、ということに気づきます。つまり、すごくがんばらなきゃいけないわりには、脳内で与えられる快感の報酬というのは、ほんの少ししかない。それを何度も測定しながら体験して、ちゃんと観察していると、けっこう気持ちが楽になります。「そんなに無理をしてまで、他人を自分の思いどおりに変えなきゃいけないというわけでもないな」とか、本の原稿などにしても「そこまで必死に締め切りを守らなきゃいけないわけじゃないな」とこの頃、少し思うようになってきました。

テリー　ダメですよ、締め切りは守らなくちゃ。ほら、ここにいる編集のみなさんも険しい顔してますよ。この人たちを困らせちゃいけません。

小　池　あは……は、ご迷惑をおかけしてはいけませんが、なにぶん自由人なものですから……。

小池

食べることに、ものすごく専念すると、
その間、「もう死んでもいいくらい
充足している」と思えるようになるんです。

テリー

うわっ！
すごいな、その境地。

幸福を感じるツボ

小　池　日本人の「幸福度」を調査したアンケートの結果を世界水準で見ると、とても低い数値になっています。なぜそんなに低いのかというと、まさにテリーさんが日々感じているように、日本人の快感と満足度のギャップに答えがありそうです。日本人は世界的に見ても快感を入力する度合いは、かなりハイレベルです。日本は世界有数の消費大国であり、文化的にも文明的にも、たえず強い刺激を受け続ける環境にあります。その結果、やはり次から次へと未来に快感を求めるというサイクルにからめとられているわけです。だから、一時的に快感を得ても、すぐにまた次の快感を求めていく。充足するという神経の仕組みの働きが鈍くなっているのです。その結果、満足感がない。つまり、幸福度が低くなるというわけです。

テリー　それってどうしたらいいんですか？　これ、いちばん大きな問題ですよね。たえず満足感がない。かりに今日、幸せを感じたとしても「でも、この幸せはそんなにいつまでも続くわけない」って、今日の幸せすら自己否定しているみたいなところが日本人にはありますよね。小池さんは、そういう満足感をどういうときに感じて、どんなふうに充足感を得ているんですか？

小　池　たとえば、食事です。私は、ある時期から、ご飯を食べるのに、ものすごく専念するようになったのですが、その結果、深い充足感を得られるようになりました。というのは、学生時代、私は過食症だった時期がありました。いくら食べても満足できないという地獄のような時期があって、これはなんとかしなければいけないという状況に追い込まれていました。そこで、自分なりに取り組んだのは、食事をしたときに、いかに満足感を高めるかということでした。いろいろ工夫をして、ものすごくよく噛むようにしたり、ものすごく集中して食べるようにしたり、全精力をそこに注ぐというぐらいに専念して食事をするという方法にたどり着いたわけです。それで、食べても食べても満足できないという状況を脱して、毎食、大きな満足感を得られるようになったのです。

テリー　そこまで食事に専念するというのは、それもまた修行のうちなんですか？

小　池　私の場合はそうでした。仏道の実践に入って、修行をする中でそうなっていきました。修行をし始めたのは、大学を留年した時期だったのですが、実はまだ餓鬼《がき》のような食べ方が止まらなくて、好物である栗を一気に3パックぐらい食べたりしていたのです。それで「なぜ自分はこんなに食べても満足感が得られないんだろう」と考えるところから出発して、食事をするときには、いま食べていることに専念しようということも修行の一つになっていったのです。

テリー 食事にものすごく専念するっていうのは、具体的にはどんなふうに食べるんですか？ まずよく噛んで、それからどうするんですか？

小 池 よく噛んで、ひたすら口の中での舌の動きと、いまこの口の中で感じていることに集中する。この食感に集中する。歯触り、舌触り、そして、味に集中する。そうやって口の中で感じている臨場感を高めていくのです。その感覚に専念していくと、いま食べているものの、いわば解像度のようなものがどんどん上がってきます。そうすると、その味わいや食べている実感が百倍にも二百倍にも増えていくんです。そういう食べ方をするようになってから、そうやってうまく集中できたときは、あまりにも幸せすぎて、あまりにも充実度が高すぎて、もう「いま死んでもいい」と思いました。

テリー ええ！ 死んでもいいんですか⁉

小 池 はい。いま死んでもいいというのは、イコール、もう何も求めない心境になったということです。不満足感が消えた。「まだ足りない」とか「あれをしたい」「これもしたい」「ああなりたい」という感情が消えたのです。あまりにも充実しているから、もう一切、何もなくいい。「死にたい」というわけではないですけれども、「これで死んでもいい」と思えるのです。

テリー もう後悔はないということですか？

小池 そう。仮にいまここで殺されても、もう悔いはないという感じになることも、しばしばあります。

テリー うわ、すごいな、その境地は。

テリー

初めて車を買ったときの幸福感は、
もう二度と味わえないのかな？

小池

麻痺した欲望の神経を元に戻せば
味わえるようになります。

欲望をリセットする

テリー　小池さんは、食事のとき以外にも、そんなふうに「もう死んでもいい」と感じる瞬間ってあるんですか？　それほど大きな充足感が得られるときが他にもあるんですか？

小　池　瞑想していて、セロトニンが分泌される度合いが大きくなってくると、そんな感じになります。セロトニンという神経伝達物質は人間の感情的な情報をコントロールして精神を安定させる働きがあります。

テリー　人の心を落ち着かせてくれたり安らぎを与えてくれたりする物質ですよね。セロトニンが不足すると、うつ病とか不眠症になりやすかったりするって聞いたことがありますけど。瞑想をする以外にもセロトニンが分泌されることって何かありますか？

小　池　ひたすら歩くということをしていると、そうなります。いま歩いているその足の感覚にひたすら専念して、歩いている足の実感で充実感が増してくると、やはり、

「ああ、もう何もいらないな」という感じになります。おもしろいことに何もいらないと思ったら、本当に何もかもなくなるわけでなく、反対に得られることがあったりします。心がすごく軽くなって、頭の回転がよくなったり、いい思考が湧いてくるようになったりするのです。そうすると、その後にすることの質が高くなって、結果として、いい流れができてくる感じはします。

テリー　何も求めようとしないという心境になれれば、実はそういういいことが起こるわけだ。僕には難しすぎることだけど、でも、何もないときのほうが幸せだったと思うことはあります。たとえば、僕は昔から車が大好きで、もういままでに何台買ったのか自分でもわからないんですけど、最初に買った車が、いちばん印象に残っているんです。そのときはお金がなかったので三十万円ぐらいの安い車を買ったんだけど、飛び跳ねるほどうれしかった。その後、徐々に収入も増えていって、高級車を買えるようになったかもしれないけど、あのときほどの喜びはないわけです。

小　池　もう二度と味わえないでしょうね。

テリー　味わえないですよね。あのときのほうが僕は幸せだったのかな。ああいう幸せを取り戻すことって、もう無理なんですか？

小池　当時に比べて、いまのテリーさんは快感を味わう神経が鈍くなってしまっているのです。快楽の受容体が麻痺してしまっているからそうなったので、その麻痺を解除すればいいんです。

テリー　欲望や快感をいったん捨てないと戻らない？

小池　欲望を満たしたことによる快感を十分に味わうためには、欲望に浸っていない、神経を休ませてリセットする時間を作ればいいのです。いわば欲望の時間と、浸っていない時間のメリハリをつければいいと思います。そのためのコツは、たぶん平安時代の農民の人たちのほうが心得ていたはずです。ぜんぜん楽しくない作業をひたすらやっているというのは、人間の脳の中に、そうさせる理由があるからです。たとえば、畑をずっと耕すということ。この単純でリズミカルな反復動作にあまり目的性を持たずに、ひたすら専念し続ける。この作業をずっとやっていると、実はセロトニンが分泌され、神経がリセットされるのです。

テリー　そうか。一見、重労働を長時間続けているだけに見えるけれど、脳の中では精神が安定したり心が安らいだりしているわけだ。

小池　はい。セロトニンが分泌されるための条件は、目的意識を離れて、反復動作を続けるというのが重要なポイントなんです。そういうことを淡々とやっていると、セロトニンが出て精神が安定してくる。すると、快感の神経の受容体もリセットされる。そういうリセットを経たうえで、たとえば男女が睦《むつ》み合う時間があって、そしてまた農耕の時間を過ごす。こういうサイクルがあると「すごく気持ちいい」と感じられるわけです。気持ちよくない時間がしばらくあって、また気持ちいい時間を味わえる。静かに時間が流れるときがあって、ときには祭があって、みんなで集まって、乱痴気騒《らんちき》ぎがあったり、性的な楽しみもあったりするでしょう。そしてまた刺激のない日々がやってくる。ハレがあったら、必ずケに戻っていって、神経がリセットされて、またちゃんと気持ちいいと感じられるのです。

テリー　それに比べて現代人はいつもお祭をしているみたいなもんだ。

小　池　そのとおり。それで神経が麻痺して、欲望が多すぎるせいで、快感がわからなくなったり、欲望そのものが死んでしまったりしているわけです。

テリー　やっぱり欲望とか刺激とか快楽とかっていうものは、たまに味わうからいいんだっていうことですよね。ということは、ふだんは、あまり幸せ感を自分の中で持っていないほうがいいのかな。

小　池　なるほど。そうとも言えるかもしれませんね。快感が生じる度合いを比較的遠ざけておいたほうが心が鎮《しず》まるということはあります。心が鎮まると集中しやすくなる。集中すると、無条件に充実感が湧いてきて、多幸感というか、その幸せ感をより大きく得られることになると思います。ふつうの快感であっても、安楽死するかのような気持ちよさがあります。

テリー　安楽死って、これまたすごいなあ。食べるだけでそうなれるって、いったい小池さんの舌は、そのとき、どうなっているんだろう。

小　池　その死んでもいいほどの食事の圧倒的なおいしさというのは、味がおいしいという側面と、おいしいおいしくないはとりあえず置いておいて、ただ専念することを通じて、純粋に脳内で充足感が湧いてくるという側面もあります。

テリー　僕、築地の江戸っ子だから日頃は早飯なんですよ。だから昔、お袋に「よく噛んで食べるようになるから新聞を読みながら食べるのはいいことだ」って教わったんですよ。でも、今度は新聞を手放して、食事に専念してみます。どれだけそうなれるかどうか、試してみたくなってきました。

テリー　修行を続けてきた小池さんにも
煩悩ってあるんですか？

小池　それはいろいろと、
ありますよ。

批判されても揺れない心

テリー 仏教者として修業を続けてきた小池さんにも、やっぱりまだ煩悩ってあるんですか？

小　池 それは、いろいろありますよ。

テリー たとえば、いまはどんな煩悩があるんですか？

小　池 たとえば、批判されると、反論したくなりますし。

テリー 反論することも煩悩なんだ。どんなことで批判されたんですか？

小　池 それはピンからキリまでいろいろとあるんですが、私が本で書いているような内容に対する批判もありますし、日常生活で、知人に「あなたの皿の置き方はなってない」と言われて反論するときもあります。皿をしまっておくときに、一つを裏返しに置いて、もう一つの皿を表向きにして置いたら「地震が来たら倒れるじゃないか」と言われて、「こういうふうに置いたほうが生活の道具っぽく見えなくていいでしょ？」と返しました。でも、生活の道具っぽく見せたくないというのも、仏教的には非常に個人的な煩悩とみなされるようなことなのです。

テリー ライフスタイルとか、こだわりとかっていうのも一種の煩悩になるわけですね。本に書いたことを批判されたときの気持ちは、僕も身をもってわかります。ただ、そういう批判というのは、きちんと反論しておかなくちゃいけない場合もなかにはあるけど、ほとんどの批判は、あまり気にしないほうがいいと僕なんかは思ってるんですよ。とくに2ちゃんねるとかそういうのは、もう便所の落書きと一緒だから見ないほうがいいですよね。

小池 それは賢明なスタンスですね。私はネットに関しては、パソコンや携帯電話などの端末を持っていないので見なくてすむんですけど、ときとして批判の手紙が届いたり、おかしな宗教家から「お前はなっとらんからこの本を読みなさい」と本が送りつけられたりします。あるいは、ラジオに呼ばれて、こんな批判をされます。「あなたは『もう、怒らない』という本を書いているけど、怒らないなんて言っていたら、原発の問題はどうするんですか?」と。そのとき、煩悩がない答え方と、煩悩のある答え方というのがあります。具体的に言うと、原発の問題について、たとえ相手が感情的になっていたとしても、こちらは興奮することなく淡々と問題点を指摘して冷静なメッセージを伝えていくという受け答えをするのか。それとも、問題点を攻撃的に追及し、相手に対しても感情的に訴えるのか。つまり、お互いに感情的な議論になってしまってもいいのか、それとも、そうならないようにできるのか、ということです。

テリー　討論番組にありがちなシーンですよね。『朝まで生テレビ』とか。僕の場合は、そういうケースで真っ先に唾《つば》を飛ばして叫んでるヤツだと思われています。本当は案外、冷静だったりするんですけど、テレビ的に盛り上がったほうがいいかなっていう場合もあります。

小　池　テレビ的な演出ならばいいんです。私がラジオでお話ししたときというのは、「怒らない」という姿勢は社会的に害があるという論調が前提になっていた雰囲気でして、そんな場所に呼ばれてしまったのだと、一瞬、カチンときてしまうこともあるわけです。相手がそういうふうにけしかけてきたとしても、それにムカッときて反論をしてしまったら、お互いに闘争本能のままに口角泡《こうかくあわ》を飛ばし合って攻撃と防御を繰り返すことになってしまいます。それでは冷静な議論も論理的な思考も弱まることがあります。論理が荒っぽくなったり強引になったり、自分を守ろうとして説得力のない話になってしまったりします。私の場合、どんなに批判されても平静でいられるときもありますが、いきなり攻撃的に批判されたりすると、つい心のなかで反応してしまうこともあるのです。そういうときには身体もざわついた感じになります。

テリー　小池さんは自分の性格を分析して「ここは嫌だな」と思っているところはあるんですか？　これは俺の欠点だなとか。

小　池　一時期、瞑想に非常に深く専念していた時期に、人に非難されても動じないですむ自分がいて、ああ、自分はもう動じなくなったのだと思い込んでいたんです。けれども、メディアに多く出るようになると、いろんな毀誉褒貶《きよほうへん》を浴びますよね。最初のうちはそれに影響を受けないと思い込んでいたのに、たくさん浴びているうちにだんだん、やっぱり褒められると自分の心がややうれしくなるわけです。でも、褒められてうれしくなるということは、結局そのあとで貶《けな》されることへの耐性が弱まるということでもあります。それで批判されると、心が波立ったり、ムカッとしたりする。それにいち早く気づいて見つめているうちに収まるのですが、ともあれそういうのが欠点ですね。

テリー　でも、メディアに出る人はみんなそうですよね。読者や視聴者の評価はどうしたって受けるし、批判も称賛もかならず両方あるわけだから。

小　池　みんなそうだと言われればそのとおりかもしれませんが、私の場合、その弱点がもともと顕著だったのが、仏教を実践しているうちに克服したと思いきや、一時またちょっと後退したと感じた頃もあったのです。

テリー　そうか。治ったと思ったのに、ぶり返しちゃったから余計に嫌なんだ。

小　池　先日も、病院で看護師の方々に講演をしたのですが、病院や会社が主催した講演会というのは「自分はとくに聞きたいわけじゃないけど、会社に言われたから」聞きに来ているという人もいますよね。

テリー　本人が自分で参加申し込みをしたわけじゃないからね。

小　池　ええ。そういう人たちが「心ここにあらず」という感じでキョロキョロしていたり、怪訝《けげん》な顔でこちらを見たりしていると、いわばそれは否定的評価を浴びているようなものだと錯覚して、しゃべりにくくなってしまうんです。反対に、しばらくしゃべっているうちに笑顔の人が増えてきたり、頷いている人が増えたりすると、しゃべりやすくなるとか。人の顔色に若干の影響を受けるようになっている自分を感じることがあると、まだまだ打たれ弱いなと思います。

テリー　無名の修行者のままだったら受けることのない誹謗中傷《ひぼうちゅうしょう》や賛美称賛を、有名なお坊さんになったせいで、何倍も何十倍も受けるようになってしまったからでしょうね。本が売れたりメディアに顔を出す時間が増えたりしたおかげで忙しくなりすぎたことも関係あるんですかね。

小池　それもなくはなさそうです。けれども最近は再びまた、タフになってきました。この頃は改めて、人に褒められたり批判されたりするつどに、自分の心が揺れるならそれを見つめる修行をするのだと、自己観察のきっかけに利用しています。ですから一見すると欠点に見えるものは、いつでも修行のチャンスになるものでもあるのです。

テリー　瞑想中に「帰りにラーメン食おうかな」とか「膝が痛いな」とか思って集中できないときはどうすればいいんですか？

小池　頭に浮かんだものを無理に消そうとすると、ますます浮かんでくるのです。

瞑想で無になるには？

テリー 僕もまだ瞑想を経験したことがないんですけど、普通の人は、なかなか瞑想することとってないですよね。

小　池 ないでしょうね。

テリー なんか小池さんの口から「瞑想」って聞くと、いい感じがするんですよ。瞑想すると一度リセットできそうだなとか、日頃は考えもしないようなことを思いついたりできるのかなとか。瞑想しているときって、何を考えているんですか？

小　池 何も考えないです。

テリー でも、人間の頭の中って、いろんなことが浮かんでくるじゃないですか。瞑想している最中に、「きょうはジャイアンツ、勝つかな」とか「腹減ったな。帰りにラーメン食おうかな」とか思ったりしないものなのかな。あと、足がしびれたなとか、いま何時かなとか。そういうのが次から次に出てきて、とても俺は「無」になんかなれそうもないなって思うんですよ。

小　池　無になろうとすると、しんどくなってしまいます。そんなことは思わなくていいのです。できないことをやろうとするのはストレスになってしまう。算数で五十点しかとれない人に「八十点とりなさい」と言ってもストレスになるだけです。

テリー　無になろうとしないでいいとすると、瞑想中に頭に浮かんできたものはどうすればいいんですか？

小　池　普段の生活では、自分が思ったことと自分は一体化しています。たとえば、「晩ご飯、何を食べようかな」と思ったときに、普通の日常生活だと、その考えと自分がぴったり一体化している。晩ご飯に何を食べるかを決めて、そのための準備をできるところまでやって、また次のことを考える。たとえば、お米を磨《と》ぎ終わったあと、「あの人は大事な約束を破るなんて、いいかげんな人だな」と思ったとしたら、その考えが正しいかどうかを頭の中で考えて、「そうだ、そうだ」と自分の中で頷いて、正当化して、よけいにその考えへの執着を強くしたりしている。そのあと、「おや、少し暑くなってきたから窓を開けよう」なんてまた別のことを考えて、窓を開けて回る。普段はそんなふうに自分の頭に浮かんでいることに、この心はすっかり支配されきっているのですが、瞑想中は違います。たとえば、「この頃、少し忙しすぎて疲れ気味かな」ということが思い浮かんだら、心の中心を呼吸に集中させることによって、その思いを心の中心から切り離す。「朝は少しイライラしていたな」と思ったら、呼吸に戻ってそれを切り離す。というふうに、浮かんできたことにとらわれずに切り離していくんです。

テリー　切り離すというのは、そういう思いを捨てていく。浮かんだらまた捨てていく。どんどん捨てていくっていうことですか？

小　池　うーん、捨てようと意識したり力んだりすると、かえって捨てられないので、心には何か別の仕事をさせたほうがいい。自分の心に何か仕事を与えないと、暇になって、どんどん余計なことを考え始めてしまって浮かんだ思いを切り離せないのです。じゃあ、その仕事は何をさせればいいか。いろいろな仕事があり得るのですが、やはり脳内にセロトニンが分泌されるような仕事を自分の脳にさせることです。それには、たとえば、自分の身体を流れてゆく呼吸を感じてやり、そこに意識をのんびりと集中してみる。自分の身体の中に入ってくる息と出ていく息に対して、心の光を当てて感じようとする。自分の呼吸を感じるという仕事に集中していると、だんだん心の中はその仕事で埋まっていくわけですが、それでもまだ心のどこかで「あの人は約束を破った」と思ったりする。そこで「あれ？　呼吸に集中していたつもりが、また考えているなあ」と気づいたら「そうだ。息を吸って、吐いて、そっちに集中しよう」というふうに心をまた呼吸に戻していく。そうすると、浮かんだ考えがすぐに消えることはなくても、心が息を見つめる仕事をしている外側で考えがなんとなく漂っている感じくらいには、力が弱まる。そうすると、深い呼吸の気持ちよさの片隅で「あの人の約束」ということが思い浮かんでも、「そうだ、そうだ」と自分で頷き執着するようなこともなくなっていく。何かが頭に浮かんでも、それに引きずり込まれることはなくなって、また呼吸に戻っていく。ということを繰り返していると、浮かんできたことに意識をとられることなくそのまま流していけるようになる。思い浮かんだことを切り離せるようになっていくのです。

テリー　そこまでいくのはけっこう訓練が必要ですね。

小　池　すぐにできるようになろうと思わなくていいんです。いろんなことが浮かんでは呼吸、また浮かんでは呼吸と繰り返しているうちに考えが漂い、流れていき、また吸い、吐く。そうやっているうちに自分が何かを考えていたことなど忘れて、ふっと何もない感じになる。そうして無になるというのは、実際は集中しきったときに思いがけず訪れてくるのです。

テリー　じっと座っているのが苦手な僕でも瞑想できる方法ってありますか？

小池　歩いているだけでも瞑想はできます。

嫌なことを考える暇をつくらない

テリー　小池さんは自分自身も瞑想の修行をするだけでなく、瞑想をしてみたいという人たちへの指導もしていますよね。瞑想って、そんなに心が落ち着くものなんですか？

小　池　落ち着くときもありますし、場合によっては、落ち着いたまさに結果として、心がざわつくということも起こり得ます。瞑想して落ち着いたとき、心の中で何が起きるかというと、普段は雑多なことを考えているせいで、心の奥で自分が何を考えているのかが見えていなかったり未整理のままだったりしているものが顕在化するというのがあります。日常の生活では、今日は何が食べたいとか、あの人が私にこんなことを言ったとか、あの子を振り向かせたいとか、いろいろなことが心に浮かんでは消えています。そういう日常の中では自分の問題に直面せずにすんでいたことが、瞑想によって静かになって、一旦安らぐことによって、心の奥にあるものが浮かび上がってしまうこともあるわけです。心の奥のすごくハードな欲求とか、とてもイライラしている感情とか、そういうものが見えるようになったりする。そうすると、一旦落ち着いたおかげで、かえって一時的にはもともとよりも心が荒れたり落ち着かなくなったりするということも、ときとしてあります。

テリー そうか。いつもは仕事とか恋愛とか遊びとかに追い立てられることで見えていなかった自分の本心みたいなものを、じっくりと自分に見せつけることにもなりかねないわけだ。

小池 そういうことも起こり得るというお話です。もちろん落ち着いて穏やかなままに終わる場合もたくさんあります。

テリー もしかしたら瞑想の種類が全然違うかもしれませんけど、オウム真理教の指名手配犯だった高橋克也が捕まって留置所に入ったときもそうだけど、彼らは部屋の中ですぐに瞑想しますよね。あれを見ていて思ったのは、瞑想というのは彼にとってもっとも落ち着く場所であって、原点に戻れる場所なんだろうけど、逆にいうと、瞑想に逃げているんじゃないかって。そういうところってないんですか?

小池 それは一理あるところはあります。瞑想は使い方次第で、単なる逃避になってしまう側面もあると思います。

テリー　ですよねえ。いい瞑想と悪い瞑想があるのかどうかわからないんだけど、日常から離れて自分だけの世界に入り込めるということを現実逃避に使うこともあるのかなって、彼らを見ていて、ちょっとそう感じたんです。

小　池　日常や現実から離れてみるということ自体は大きな意義がありますが、そのケースでは自分が行なった悪事から本当の意味で逃れることはできませんからね。

テリー　そんなふうによくないほうに瞑想が使われることもあるかもしれないけど、瞑想ってたしかに心にも体にもよさそうな気がします。でも僕、何しろ飽きっぽいんですよ。日頃から一つの場所にじっとしているのがいちばん苦手で、すぐどこかへ行っちゃう。じっとしていると死ぬ回遊魚みたいな人間なんです。だから坐禅《ざぜん》もちょっと尻込みしちゃうし、じっと座って瞑想するのって僕にとってはすごくハードル高いんですよ。

小　池　坐禅にこだわらなくてもいいんです。歩いて瞑想することだってできる。私も歩く瞑想をよくしますよ。他にも、ずっと畑を耕したり、壁を塗装したり、同じことをひたすら反復していると、心が平穏になって瞑想と同じような状態になれます。そういうときは、すごく幸福感に満たされているのです。

テリー　そういう作業に没頭できているときというのは、小池さんが食べることに集中しきったときのように「他には何もいらない」という感じになって、食欲も性欲もなくなるっていうわけでしょ。

小　池　はい。原則的なことを言えば、修行がうまくいっているときは、そういう欲求はあまり湧き起こらなくなりますね。

テリー　小池さんの場合は坐禅の瞑想って、一日どれくらいするんですか？

小　池　日によってまちまちですが、人と会う用事がない日は、十時間ぐらいはしています。

テリー　こういう座敷で十時間も座ってるんだ。

小　池　こういうところで座っていますが、ずっと連続してやるわけではなく、ワンセッションが一時間半から二時間ぐらいです。

テリー　横になっちゃいけないんでしょう。

小　池　いけないことはないんですけど、あまり横にはなっていません。

テリー　歩く瞑想のときは、どんなふうにやるんですか？

小　池　ひたすら歩く。自分の体が足の上に乗っていることを意識して、歩いている足に意識を集中していって、ひたすら同じ場所を行ったり来たりする。そうやって歩いていると、意識がだんだん身体にシンクロして、変性意識状態に没入してくるのです。

テリー ああ、ちょっとあれに近いのかな。ランニングハイ。僕の場合はジムでずっと走っているんですよ。それって、走ること自体が気持ちいいっていうのも、もちろんあるんだけど、なんか家でじっとしていると、いろいろ考えて頭が疲れちゃうから「ジム行って走ろう」って。いろいろものを考えること自体は好きだから、考えている時間は多いんです。でも仕事のことをずっと考えていると、「ああ、あの企画はダメだったな」とか「新番組がコケたらどうしよう」とか、不安なことやネガティブな考えにとらわれちゃったりするわけです。「いやだなあ、こんなこと考える自分は」と思ったらジムに飛び出していくんです。そうすると走って疲れて、体が苦しくなって、いやなことなんか考える暇がないから。

小　池 そこなんですよ。その「暇がない」という状態を人間は作ってあげないといけないのです。つまり、さっきの瞑想中の頭の中の話のように、他に仕事がなくなると、人間はひたすら考え続けてしまいます。たぶん最近ジョギングだとか山登りだとかがブームになっている理由は、そこにあるのだと思います。現代人は知識や情報の渦で頭がパンクしそうになっていて、本能的に「これは自分で何とかしなきゃ」と思って、走ったり山に登ったりしているのでしょう。

テリー　そうですよね。何年か前に養老孟司《ようろうたけし》さんと、こんなふうに対談して本を出したとき、養老さんが力説していたのは「現代人はもっと体を使わなくちゃダメだ。頭ばっかり使っているからおかしくなったんだ」って言ってたんですよ。やっと日本人はそこに気づいたんだ。

小　池　そのとおりだと思います。脳が発達しすぎた人間であればこそ、せっせと体を使うことで人間は肉体と脳のバランスが保てるのです。

テリー　ずっと不眠症で苦しんでいるんです。

小池　寝なくちゃと思うと余計に緊張するので、
別に寝なくてもいいやと
思ったほうが眠れますよ。

眠れないときは息を数える

テリー　不眠症は、どうしたら治せますか？　もう僕は長年、夜、なかなか眠れなくて困っているんですよ。

小　池　そういう人は多いですね。いま、日本人の四〜五人に一人が、何らかの睡眠障害を持っていると言われていますから。

テリー　もう現代病の最たるものですよね。あのマイケル・ジャクソンが死んだのも、結局は眠れなかったというのが最初の原因でしょ。眠れないから薬を増やしていった。あんなに才能があって、お金も名誉も、何もかもある人でさえ、夜、眠れないで苦しんでいたわけですよね。小池さんは眠れないことってないんですか？

小　池　いたって安眠、快眠です。睡眠については「ああ、毎日が気持ちいい」という感じですよ。

テリー　やっぱりなあ。きっとそうだと思っていました。これほど、心が穏やかになるための修行を日々重ねているわけだから、さぞ眠りも深いんだろうなあって。それ、今日は、ぜひ教えてください。どうすれば僕も眠れるようになるのか。

小　池　わかりました。

テリー　まず素朴な疑問としては、小池さんみたいにいつも頭をフル回転している人が、そんなにバタンキューって、子どもみたいに眠れるものなんですか？

小　池　はい。ぐっすりと眠れます。

テリー　それは、つくづくうらやましいなあ。

小　池　想像するに、きっとテリーさんの業界には眠れない方がとても多いんじゃないですか？

テリー　多いです。本当にこのマスコミ業界には不眠症気味の人が多いんです。なんですかね、これは。

小　池　まず先に、あえて生物科学的な視点のほうから見てみましょう。眠るというのは交感神経と副交感神経、どちらサイドの働きかご存じですよね。

テリー　副交感神経ですよね。

小　池　そうです。人間は交感神経と副交感神経の活性化のバランスを保つことで、さまざまな生活のリズムがうまくいくようになっています。ところが、テレビやマスメディアの方々の場合、ふつうの人に比べて「人に見られる」度合いがとても多いために、いつも緊張しています。この緊張感が、たえず交感神経を活性化させ、興奮状態にある。交感神経は通称「エサ取り神経」といわれるように「エサを取るためにがんばるぞ」という力を増してくれるので、その結果、仕事でも強い力を出せます。ただ、それがあまりにも恒常化してしまうと、副交感神経がまともに機能しなくなってきます。緊張して交感神経が活性化しているときは、表面の筋肉から内臓の筋肉に至るまで全身ガチガチに固まった状態になっています。それが強い力を発揮する源にもなっていたわけですが、その状態が長く続くと、緊張がほどけず全身が固まったまま、副交感神経がうまく働かない。その結果、身体に不調が起こる。そして、呼吸のリズムを整える働きも衰えて、最終的には眠れなくなるのです。

テリー　そうか。撮影現場で「よ～し、この番組で視聴率稼いでやるぞ！」ってがんばってエサをとってきて、その緊張と興奮が抜けないまま眠れなくなっているんだ。

小　池　もし仮に交感神経の働きで眠ることができるなら話は簡単なんです。自分の意識で睡眠というエサを取れるとしたら「さあ、眠るぞ」と思っただけで、パッと眠れるはずです。でも、いかんせん、睡眠という行為は自分の意志で決められるものではなくて、副交感神経の働きで、無意識の中で自然に起きることです。ということは、皮肉なことに「眠りたい」と思えば思うほど、人はどんどん眠れなくなっちゃうんです。「眠りたい」という欲求は、エサをとりたいと意識することになるから交感神経の緊張を高めてしまう。つまり「視聴率をとりたい」と思ってがんばるときと同じ神経を使ってしまうので、興奮して眠れなくなるのです。

テリー　じゃあ、いったい、どうすればいいんですか?

小　池　眠れないとき、「明日も朝早くから撮影だから、早く眠らなきゃ」と思えば思うほど交感神経が緊張して眠れなくなってしまう。しかも、いつも自分がなかなか眠れないことに恐怖心を持っている人は、なおさら緊張して眠れない。ということは、眠るために何をすべきかといえば、まず一つは「眠らなきゃ」と緊張するクセを直すことです。いちばんいいのは、まず一旦、「眠らなくてもいいや」という気持ちを持ってみること。それで案外、楽になって眠れるものです。

テリー　とりあえずベッドに入って、「別に眠れなくてもいいや」って、ただリラックスしてみるだけでもいいんですね。

小　池　はい。まずはリラックスすること。それと深くかかわっているのが、呼吸です。興奮したり緊張したりしているときというのは、呼吸が浅くなり、荒くなっています。リラックスしているときは、その反対に呼吸が深く長くなっています。そうすると副交感神経が働いて眠りにつきやすくなっていきます。

テリー　ああ、小池さんやお坊さんたちが、お経を唱えるときや瞑想しているときには、息を長く吐いているっていう、あの話と同じですね。夜、寝るときだと、具体的にはどんな感じで呼吸すればいいんですか？　まずベッドに入って横になりますよね。それから？

小　池　横になって、楽にして目を閉じて、ゆったりと息を吐いていって、またゆったりと息を吸っていく。リラックスした状態で、こうして呼吸を感じているだけでいいんです。

テリー　それで眠れる、と。

小　池　いつのまにかスーッと眠れます。

テリー　よくヒツジを数えるとか言いますけど、あれってどうなのかな。

小　池　ヒツジの数を数えて眠れる人はそれでいいのですが、それよりは、息の数を数えてみたらどうでしょう。ゆっくり吸ってゆっくり吐きながら、頭の中で「いーち」、また吸って吐きながら「にー」、「さーん」、「しー」。これで眠りやすくなったという人もけっこういます。ただ、この数字が進んでいって数が多くなると「いくつまで数えただろう?」とか「きょうはいくつまでになっちゃった」などと気になり始めて、かえって緊張してしまうことがあります。そうならないように「一」からはじめて「十」ぐらいになったら、また「一」からはじめるというふうに、同じことを単純に繰り返したほうがリラックスできるんです。折り返し地点は「十」でも「二十」でも「百」でもOKですが、ともかく頂上を目指して歩いていくのではなく、同じ場所をゆっくり歩くようなイメージですね。

テリー　どこかに行こうとか行きたいとかっていうんじゃなくて、ただそのへんをブラブラするみたいな。

小池　そう。同じ場所を循環しているというのは、人間の心を楽にしてくれるのです。人間の意識というのは「未来に進んでいきたい」と目標を立てると緊張してくるんです。これが近代以降の人間にストレスを与えている大きな要因です。目標に向かって、「やれ、進め」という直線的な姿勢です。それに比べて、近代以前の人々の時間の流れ方は、先に進むというよりも、わりと循環する感覚を持っていた。循環する方向に意識を持っていくと、リラックスしていって副交感神経の働きが増す。それが睡眠にもいい働きを及ぼすというわけです。

テリー 近場でグルグル回っている感じのほうがいいんですね。

小　池 そう。もう進まない。漂っているだけで心がすごく楽になるんです。

テリー なんだか今夜は眠れそうな気がしてきました。

第3章

人間、悟ってしまっていいものか？

テリー

性欲も物欲もない「さとり世代」は煩悩がないんですか？

小池

自分を傷つけたくないという強い煩悩があるのです。

「さとり」世代は防衛本能から生まれた

テリー　最近の若い世代は「さとり世代」って呼ばれることもあるくらい、もうなんだか達観しているような人たちが増えていますよね。車はいらない。ブランド品もいらない。酒も飲まない。旅行もしない。恋愛も淡泊。出世したいとか金持ちになりたいとか、あまり望まない。欲望が薄いっていうか、ガツガツしないっていうか、物欲も性欲も乏しい。なんでこんなことになっちゃったのか。この世代は、ゆとり世代と重なっているから、時代的な背景を見れば、まあ理由がわかるような気もするんです。物心ついたときにはバブルも弾けていて、慢性的に景気が悪い中に育って、「どうせがんばっても先が見えているし、そんなに高望みして必死になってもしょうがないじゃん」って、妙に悟ってしまったというか、冷めているというか、やっぱり草食系なんですよね。

小　池　ちょうどテリーさんたちの団塊の世代とは正反対ですね。高度成長期に「がんばって、いい学校に入りなさい。いい会社に就職しなさい」と尻を叩かれて、競争して、あらゆるものを手に入れようと走ってきた世代から見れば、「なんと無気力で非生産的な日本人になってしまったのか」と嘆きたくもなるかもしれませんね。

テリー　おいおい、それでいいのかって。僕みたいに、六十過ぎて悟らなすぎるのも困るけど、十代二十代で悟るのは早すぎないか？　「さとり世代」っていうけど、別に苦労して悟ったわけでもないし、欲望の渦に疲れて悟ったわけでもないし、まだ世の中にも出ていない段階です。何もしてないのに悟っちゃったらまずいだろうって。日本の大学生は世界的に見ても留学に出ていく人が減っているし、就職してからも海外に赴任したがらないとか、内向きになっている。恋愛も面倒くさいから一人でゲームをやっているとか、これ、どうなんですか？　彼らの煩悩はどこへ行っちゃったんですか？

小　池　なぜ外に向かおうとせず、内向きになっているのか。欲や煩悩に付随する苦労を避けようとしたり、傷つくことを怖れたり、プライドがひび割れるのが嫌だったり、そういう傷や挫折をあらかじめ避けるという感情なのだとしたら、それも一つの大きな煩悩です。「傷つきたくない」というのは、強い自我がベースになっています。自分のプライドを守りたいという煩悩のほうが、外に出ていって何かを得ようとする欲求よりも、一層強い煩悩として燃え上がっているのかもしれません。

テリー　なるほど、とすると、煩悩がないから何もほしがらないというわけじゃなくて、やっぱり煩悩はあるんだ。自分を傷つけないでプライドを守りたいという煩悩に負けて、その結果として何もいらないっていう感じになってるわけですね。

小　池　ええ。そう考えてみると、悟っているかいないかということで言えば、悟っていないということになります。

テリー　悟っているわけじゃないんだね。

小　池　私自身も思い起こしてみると、そういうところがありました。高校生のとき、勇気のある人たちは好きな女の子ができたら玉砕覚悟でアタックして、案の定フラれたり、それでも懲《こ》りずにまた別の子にアプローチしたり、その結果として彼女をゲットして楽しそうにしている人たちもいました。ところが、私たちのグループは「ああいうのはナンパな連中がやることだ。自分たちは硬派だから、そんなカッコ悪いマネはしない」という価値観を誇りにしていました。でもそれは、いま振り返ってみたら、好きな子はいるんだけれど、もしこちらが積極的に好意を示しても、相手が好意を返してくれなかったらどうしようという気持ちがあったと思います。

テリー　フラれるのが怖いんだ。

小　池　そう。何かを求めて行動して自分が傷つくのが嫌だという感情が先に立っているのです。そこで、「そんなものは別にほしくない」というふうに自分の心を書き換えてしまう。人間は、そういうことをしがちですね。

テリー　一生懸命に口説いたり手間暇かけて尽くしたりしないとセックスまでたどり着けないっていうのは面倒くさいし、しかも、さんざんアプローチしても失敗に終わることもある。そうなっちゃったらショックも大きいから、最初から異性に近づかないっていうわけですよね。それでもメスを追い求めるのが動物のオスの本能だと思うんだけど、頭で考えて、見切りをつけて、求愛行動をやめてしまう。これ、人間の本能的な部分に何か変化が起きてしまったのかな。

小　池　いろいろな環境要因の中で、人間のホルモンバランスが崩れていて、生命力が衰えているという指摘もありますね。

テリー　ねえ。やりたい盛りのはずの若い人たちが「別にセックスなんかしなくてもいいや」っていうふうになっちゃったら、また少子化ですよね。

小　池　そういうことにつながっていきますね。

小池

ブッダは若いときに
「あらゆるものを手に入れても空しい」
ということに気づいたから
悟りの道を歩んだのです。

テリー

とすると、
まだ何も手に入れていない「さとり世代」は
本当の悟りとは反対ですね。

何も求めないのは悟りではない

テリー　「恋愛は面倒くさいし、セックスなんかしなくてもいい」っていう人たちを見て「本当にそれで幸せなの？」と思う気持ちもあるけれど、だからといって、その人たちに向かって、上の世代の人たちが「おまえら、そんなんじゃ日本が滅びるから、ちゃんとセックスして子どもを作れよ」って言うのも違いますよね。だって、彼らがそうなっちゃったのは若い世代の責任じゃないんだもんね。大人たちが作った環境や社会状況のせいで、さとり世代みたいな現象が起こってきたわけでしょ。それなのに「おまえたち、しっかりしろよ」って言われてもねえ。

小　池　そうですね。そういう場合、「しっかりしろ」と言われた人が「しっかりしよう」と思うかというと、そうは思いませんよね。親が子どもに「そんなのじゃ困ります。しっかりしなさい」と言ったときに「たしかに言われたとおりだから、しっかりやろう」と思うことのほうが稀《まれ》で、多くは「また言ってる。嫌になっちゃうよ」と思います。

ちゃんとしていない状態を指摘されて嫌な気持ちになるだけです。言われた側の典型的な思いは、「あなたが言っていることは正しいような気もするが、心に入ってこない」というものですね。

テリー 上から正論を言われても「はい、はい。そのとおり」って右から左だから、言ってもあまり意味がないんだよね。

小　池 まったくそのとおりです。だから、ここで一生懸命に私とテリーさんが、さとり世代と言われている人たちに向かって「おい、おい。人生、それでいいのか」と意見してみても、あまり意味がないかもしれません。ただ、それを承知の上で言うとすれば、一度も手に入れたことがないままに「そんなものは、いらない」というふうに避けて通ってしまうのは、何もわからないままでいることになるのです。昔の私がそうだったように、自尊心が傷つくのが嫌だから、あらかじめガードして、なるべく何もしないようにするというのは、それこそ「悟り」とは反対の行為です。ブッダが、どのような足跡をたどって悟ったか。彼は何もかも手に入れてしまったときに、はたとこう思ったのです。「こうしてあらゆるものを手に入れても空しいだけだ。これだけ手に入れても満足しないということは、いったい、人の心というものは、どういうものなのだろう」と。

そこから探求を始めて悟りに至ったのです。

テリー　すべて手に入れてみるという究極を知ったからこその悟りであって、最初から何も求めず何も手に入れたことがないのは悟りじゃないんですね。

小　池　あえてブッダと比べてみると、そういうことになりますね。なぜ手に入れようと思わないのかといえば、やはり経済や社会状況が昔に比べてシビアになっているせいもあるでしょう。がんばれば手に入りそうだったものが、がんばっても手に入らなそうな社会になった。努力があまり報われそうにない世の中ならば、じゃあ最初から努力なんかしないほうがプライドが傷つかなくていいじゃないかと思う人が、増えてしまったのかもしれません。

テリー　長いデフレで日本人の、とくに若い人の消費行動がすっかり100円ショップ型になっちゃったんですよね。食べ物も着るものも別に高価なものじゃなくていい。ファストフードとファストファッションで安く買えるものでいい。いまの日本で「高いもの」っていったら住宅ぐらいのもので、あとは何でも安い。もう、それで十分に幸せだという価値観。もう、たいして望まないで手近なところで生きていくという人生観。他人と競おうともしないし、贅沢《ぜいたく》も言わない。これでいいっていえば、いいのかなあ。そのほうが楽って言えば楽なのかもしれない。そういう生き方って、いいんですか？　ダメなんですか？

小　池　いい面と心配な面と両方あります。安価で簡易で必要最小限の消費だけをして平穏に暮らしていこうということ。それはバブル時代のような乱痴気騒ぎや大量生産大量消費で地球環境に大きな負荷を与えていた生活をしないということです。その意味では地に足が着いた生活だし、地球にやさしい生き方と言えるでしょう。他人とも競争しないというのは、ある意味、人にも優しい生き方だと言えるかもしれません。他方、「別にそんなものいらない」と言っている人たちが心の底からそう思えているのかといえば、そうではなさそうです。そこが心配のタネです。生きものの自然な欲求として「ほしい」と思うはずのものを、手に入れる苦労が嫌だったり自分が傷つくのが嫌だったりして、自己防衛のために「そんなものはいらない」と思い込んで生きていく。そうすることによって、自分で自分を抑圧して、かえって心を抑鬱《よくうつ》させてしまう危険性があると思います。穏やかに暮らしているように見えて、実は無意識のうちに心の中にイライラしたものが蓄積されていく心配があります。

テリー　本来、人間にあるはずの欲求にフタをして生きているうちに、心の奥の奥に欲求不満のマグマのようなものが沸々《ふつふつ》と湧いているわけだ。それって、考えてみると、何だか怖いよなあ。あるとき、決壊するっていうか、暴発する可能性があるってことですよね。無差別殺人の犯人が「相手はだれでもよかった」と言うような、鬱憤が爆発したんじゃないかと感じるような事件があちこちで起きていますよね。

小　池　社会に対する不満から犯罪を引き起こす人というのは昔からいました。とはいえ、最近の犯罪を見ると、具体的に何が不満なのか自分でもわからないけれど、要は自己価値の下落に耐えられず暴発しているような犯罪が増えました。そのぶん、根も深くなっているように見えます。

テリー　これ、どうしたらいいんですか？　一見、さとり世代とか言われて穏やかに生きているように見えるけど、実はどうしようもない欲求不満が心の中で圧縮ガスみたいになっていて、あるとき何かの拍子にそれに引火すると大爆発する危険性があるっていうことですよね。

小　池　本来は、欲しくて手に入れようとしたけれどダメだったり、ちょっと手に入ったり、あきらめたり、また手を伸ばしてみたら手に入ったりというふうに、万事、うまくいったりいかなかったりということを体験して、満たされたり空しさを感じたりしながら人は生きています。そういうことを繰り返したりしているうちに、案外、そんなに怖れることなく次のステージへ行けるものです。ところが、あらかじめそういう「経験コース」に立ち入ることなく生きていこうとすると、そういう経験値が何もないまま大人になったり、年を重ねていったりすることになるわけです。

テリー そうか。何も免疫ができないんですね。大なり小なり艱難辛苦《かんなんしんく》を味わったり、多少は満たされたり、欲に溺れたり、それでまた辛酸を舐《な》めたり、その繰り返しで泣いたり笑ったりしているうちに、いろいろ学んで覚えて、強くなったり図太くなったりしていくんだもんねえ。とすると、多少煩悩があったほうがまだいいってことかもしれないね。

テリー　小池さんはＡＫＢ48って好きですか？

小池　きゃりーぱみゅぱみゅのほうが、よく耳に残りますね。

ネットはセックスを代替する装置

テリー　小池さんは普段は音楽を聴くんですか？

小　池　昔は聴いていたんですけど、最近は聴かなくなってしまいました。いま生活している場所には音響機器もＣＤもありませんが、以前は古いレコードをとってありました。井上陽水の『陽水Ⅱ　センチメンタル』とか。もう全部、処分してしまいましたが。

テリー　ああ、あの頃の曲っていいよね。他にはどんな？

小　池　古い時代の長渕剛はよく聴いていました。

テリー　長渕さんは昔もいいけど、いまなおずっといいですよ。あの人、声がいいでしょ。森進一とか八代亜紀もそうだけど、日本人の心をくすぐる声ってあるんですよ。

小　池　ああ、情感に響くような声を持っている人が昔からいますね。

テリー　ＡＫＢ48は聴いたことがありますか？

小　池　一応、名前は知っていますが、実は曲名や個々の顔はちょっとわかりません。

最近でいうと、きゃりーぱみゅぱみゅの歌は、ときどき街中や友人のカーステレオで耳にしたりして、あれはすごく耳に焼きつきますね。とても印象に残ります。

テリー　うん。小池さん、なかなかセンスいいですよ。

小　池　ＡＫＢ48については、詳しいことはまったくわかりませんが、こういう形のアイドルグループに人気が集まっているという現象は、現代をよく反映しているように感じます。まず、あの子たちが着ている制服のようなコスチュームがファンを惹きつけているというところ。制服というのは、いわば従属の象徴の一つです。ある規範におとなしく従属しているかわいい女の子たち。記号として「従属」を表す制服をまとった子たちを目の前にすると、その子たちを自分が性的に支配できるかのような幻想を抱くことができる。そして、彼女たちの若いツヤや張りのある肌を見て、視聴者の脳は若い子たちとの間に遺伝子を残していきたいと妄想する。それが、ごく薄い濃度で脳内麻薬を分泌させている。もし本当に現実世界でその女の子を従属させて自分一人だけのものにできたとしたら大量に出るであろう快感物質が、ほんの微量だけ分泌する。それをコンサートや画像で繰り返し繰り返し観ることで気持ちよさを味わうのです。

テリー　昔からアイドルって、そういうものだったけど、それがマリリン・モンローみたいな露骨なセックスシンボルっていうのとは違う。従順な女子中高生みたいに制服を着て、セックスの匂いをあからさまに感じさせないような演出をして、そこにあまりオス臭くない連中が集まってるという構造。そんなふうに見えるっていうわけですね。

小池　私にはそう見えます。本質的には性の対象の代替品としての存在なのに、そう見えないような装飾をまとっているというか、薄めているというか。それは、さとり世代の人たちにしても同じです。セックスに対して淡泊に見えても、性欲そのものが消えてしまったわけではないのです。生身の女性との接触には乗り出そうとしなくても、代替品で欲求を付け替えるというか、代替行為で欲求を解消するというか、一見セックスと直接かかわらない行為が、実は濃度を薄めた性の快感になっている。たとえば、「アイドルのイベントや画像に接するのは別にいやらしいことではない」「アイドルを追っかけるのは性風俗に行くのとはわけがちがう」と言うかもしれないけれど、男性にとっては明らかに性的ファンタジーの一種です。社会的には性の匂いや性的倫理感のレベルの高低はあるかもしれないけれど、本質的にはどちらも変わらない。いまの社会は、そういうふうに濃度を非常に薄くしたものを、あちこちに四六時中まき散らしているような感じがあるので、それが代替行為になりやすいのかもしれません。

テリー　そうか。現実の生身の女をどうにかしようとするんじゃなくて、代替行為とか疑似行為みたいなことですませてしまうわけだ。それって、ネットのモロ動画とかを自分の部屋で簡単に見られるようになったことで余計にそうなっているのかな。昔なら「何とかして女の裸を見たい」と思って、女を口説こうとしたり、こっそり隠れてエロ本を買いに行ったり、あとストリップを見に行ったりっていうふうに、とりあえず外に出ていってなんとか欲求を満たそうとして何らかの行動を起こしていた。でもいまは自分の机でクリック一つですませてしまうわけだ。

小　池　おっしゃるとおりです。私たちが青少年の頃はアダルトビデオを手に入れたり見たりすることすら、ものすごく大変でしたから。

テリー　ハードルが高かったですよね。

小　池　はい。生身の女性以前にアダルトビデオですら、すごくドキドキするものでしたけど、いまはインターネットで簡単に目にすることができます。この行為を繰り返すことによって、脳は手軽に快感を得られることに慣れていく。この刺激は、本当は現実の女の子と仲よく触れ合って得られるものよりはずっと低レベルの刺激であるはずなのに、これで代替できるようになっているのだと思います。

テリー　セックスをしない人が増えたのは
無修正動画が氾濫したせいですか？

小池　私もＡＶのせいで、
初体験のとき「あまり気持ちよくないな」
と感じました。

ひとりよがりなファンタジーを捨てよ

テリー　「別に彼女なんかいらない」とか「セックスなんかしなくてもいい」って言う若い男性が増えちゃったのは、現実の女性とセックスを体験する前に、ネットで無修正動画とかを簡単に見られるようになったことも関係あるんですかね。昔はヌード写真一つとっても、ヘアすら写っていなかった。ましてやヘアの中身が見える写真なんて、僕らが中高生の頃はどこにもなかった。だから「女性のパンツの中って、いったいどうなっているんだ⁉」っていうのを激しく妄想した。やがてそれがビニ本とか裏ビデオが非合法ながら街に出始めて、行くところに行けば見られるようになった。その当時ですら「女性の股の中がどうなっているのかを妄想する時期があるからこそ、女性への憧れや衝動が強くなるのであって、露骨に見えるものが街に氾濫《はんらん》したら憧れも何もあったもんじゃなくなってしまう」という大人の声があったわけです。それがクリック一つで見られる時代になって、「別にセックスはしなくていい」っていうふうになった。これは、あの頃の大人たちが心配していたとおりになったっていうことなのかな。

小池　たしかに、バーチャルなものが現実での行動に大きな影響を与えているところはあると思います。それは私自身のことを振り返ってみても、思い当たることがあります。私の頃はネット動画はまだありませんでしたが、実際の女性と関係を持つ前に、アダルトビデオで見ている時期というものがありました。そのビデオの中の男女の行為のありようが私の脳裏に植え付けていたものは、とても大きかったと思います。なぜなら、大学一年生のときに、当時お付き合いをしていた女性と生まれて初めて性行為をして私が感じたのは、「あまり気持ちよくないな」ということでした。それまで自分の頭の中で作り上げていたものと現実は違っていたのです。実際の相手は、こちら側の理想や望みとは違って、向こうが動きたいように動くわけです。それがこちらにとっては刺激が強すぎたり痛かったりする。かといって自分が思い描いていたファンタジーの世界を相手にぶつけるわけにもいかないし、基本相手に合わせなければいけない。「現実のセックスはアダルトビデオの世界のように快感が炸裂《さくれつ》するほどいいものではない」と感じたわけです。

テリー　セックスは相手と二人でやるものだから、まず相手を喜ばせなくちゃいけないということが最初はわからないんですよね。自分一人でビデオを見てオナニーするだけなら自己完結で終わるけど、相手がいるんだから自分のファンタジーは成立しない。そういうのが面倒くさいっていうところで止まっちゃうのかな。さとり世代の人は。

小　池　きっとそういうことだと思います。自分のファンタジーで描いた快感にだけこだわるなら相手はいないほうがいい。自分一人でいいのです。生身の相手と接しながら自分のファンタジーに近づくためには、お互いに相手のファンタジーに合わせてあげたり、がまんするところはがまんしたりして、相手を気持ちよくさせてあげる必要がある。それができるようになると、結果として「あ、自分が相手に影響を与えている」と感じることもできるし、「相手が気持ちよくなるから自分も気持ちよくなれるんだ」ということに気づく。相手のことを優先する気持ちを持てると、お互いに気持ちよくなれるという好循環が生まれる。そういうことに、やっと私もあとになってから気づいたのです。

テリー　この頃よく言われるように、セックスにしろゲームや遊びにしろ、二次元のところで止まってしまう。リアルに三次元の女性が目の前に来るとプレッシャーになるから避けようとする。それでますますネットやゲームのほうに傾斜していく。こういう傾向って、今後も続いていきますよね。

小池　続くだけではなく、これからもっと強くなっていくと思います。そういうネットやゲームが日本の産業として「世界に誇る」というふうに言われて、経済効果があるのは事実でしょうが、日本人の将来にとってどうなのか。アダルトビデオしかなかった時代の私ですら、その影響を克服するのにずいぶん時間がかかりましたから、いまの子たちがいま浴びているものから受けた影響を考えると、さとり世代と呼ばれるような行動形態になってしまうのも無理はありません。これを払拭《ふっしょく》するのは簡単ではない。これから先の世代は、さらに難しくなっていくと思います。

テリー　ヒョウ柄のミニワンピースの
セクシーな女が迫ってきたら、
小池さん、がまんできますか？

小池　がまんできると思います。

性的魅力は錯覚の産物

テリー　さとり世代だけじゃなくて、日本全体にセックスレスの人が増えているみたいですけど、これってどういうことなんですか？　たとえば、セックスレスの夫婦の夫は「もうカミさんじゃ、立たないよ」って。家ではもうお互いに「パパ」と「ママ」になっちゃって、家族ではあるけど「男と女」ではない。それでも、家の外に出れば、会社や街でセクシーな女が目に入ると「なんとかしたいな」とムクムク、ムラムラする。これって罪なことなんですか？

小　池　そういう気持ちをパートナーが知ったら、とても傷つくことはたしかですね。

テリー　小池さんは、もしパートナー以外の女性が、ものすごくエッチな感じで迫ってきたらどうしますか？　おっぱいも大きくてナイスバディーなお姉ちゃんがヒョウ柄のセクシーなミニのワンピースを着てピンヒール履いて手招きしてる。これ、断れますか？

小　池　はい。私は大丈夫だと思います。

テリー　ええ!?　ほんとですか！　小池さんの心のドアの隙間がフッと開いたとき、濡れた瞳のヒョウ柄が入ってきても、「いや、私には大事な人がいるから、お引き取りください」って追い返せるんですか？

小　池　うーん、一切、心が揺れないとは言い切れません。ただ、一つ言えるのは、そういうとき、ヒョウ柄の女性のほうは実際よりも嵩上《かさあ》げして見えているのです。一方、連れ添っているパートナーは実際よりも低く見えてしまっている。パートナーというのは、そばにいるのが当たり前になっていて、日常生活の一部のように感じてしまっているところがあるので、本当はもっと価値があるのに割り引いて見えてしまう。実態より高く見えている人と、実態より低く見えている人をその錯覚のまま比べてしまうと、致命的な過ちを犯すことになります。浮気によってパートナーの自尊心をズタズタにし、お互いが不幸にしかならない体験を何度もしてきましたので、ある頃から二度と浮気はしたくないと強固に戒めたのです。余談ながら私は、ヒョウ柄みたいな、いかにもセクシーっていうのにはあまり魅力を感じないのです。

テリー　古女房より新しい女のほうがよく見えてしまう。でも本当に自分にとって大切なのは古女房だっていうことですね。

小　池　毎日一緒にいるから安心して生活できるとか、そばにいるだけで心が安らぐとか、そういうことは性的魅力と別の次元で価値の高いことであり大切なことです。

テリー　別次元もいいんですけど、性的次元でも古女房の価値を再発見できれば、夫婦のセックスレスも解消しますよね。こういうケースだったら、それこそネット動画を見て性的興奮を促すっていうのもいいんじゃないですか？

小　池　二人で一緒に見たりするのはいいかもしれませんね。新しい幻想を二人で共有できたりすると、それでまたパートナーに対して性的関心が出てくることがあるでしょう。

テリー

学校の先生が
教え子のスカートの中を
盗撮するのはなぜですか？

小池

教師というのは、
もともと子どもを我がものにしたいという
欲求を持っているのです。

人間は支配欲に支配されている

テリー　この前、中学校の先生が教え子のスカートの中を盗撮して捕まった事件がありましたけど、最近、多いですよね。他にも、のぞきとか痴漢とか、破廉恥《はれんち》なことをして捕まってる。まさに『ハレンチ学園』ですよね。これ、どういうことなんですか？

小　池　子どもに対して性欲が湧くというのは、支配欲からくるものがほとんどです。私自身も教師になりたいと思っていた時期があるので身に覚えがありますが、そもそも「学校の先生になりたい」と希望する人のうちで、純粋に「教育者になりたい」と考えている人がどれほどいるか。心の底から「子どもたちが立派に育つように教育したい」と思っている人がどれくらいいるでしょうか。

テリー　ほとんどの人たちがそう思っているんじゃないんですか？

小　池　そうでしょうか。残念ながらその反対だと私は思います。多くの人が、心のどこかでは「子どもたちを自分の思いどおりにしたい」という欲求によって、「教師になりたい」と思っているのではないでしょうか。もちろん高邁《こうまい》な理想や立派な思想を持った人もいるでしょうが、その理想や思想を子どもたちに与えたい、つまり、自分の影響を与えたい、影響力を示したいというのは、支配力を持ちたいということです。結局、「制服は従属の象徴だ」というお話をしたときと同じことで、教壇に立って従順な生徒たちを従属させたい。そうやって支配欲を満たしたいということだと思います。

テリー　自分が信じた教育のとおりに生徒たちを洗脳したいっていうことですか？

小　池　そういう言い方もできますね。かつての私にもそういう欲求がありましたから、そこは想像に難《かた》くありません。

テリー　でも、いまどきの生徒は従順じゃないし、やっかいな子も多いですよ。モンスターペアレントみたいなのもいっぱいいて、先生の思いどおりになんかならないですよ。

小　池　たしかにそういう側面もありますね。昔に比べれば「開かれた学校」という動きも出てはいるけれど、まだまだ教室は閉鎖されている。大人である教師が子どもたちを教室という密室に閉じ込めて王のように君臨しているという図式は消えていません。

テリー　それがハレンチ学園を生んでしまう図式にもつながっているのかな。

小　池　はい。支配欲というのは性欲のバリエーションの一つでもあります。性行為とは支配欲を満たすための行為でもあるのです。たとえば、その証《あかし》の一つは、性行為をしているときに、相手が気持ちよさそうにしてくれたら自分も満たされた気持ちになるけれど、相手がぜんぜん感じていないと自分も満足できない。自分がどんなに工夫をしても愛撫《あいぶ》をしても、相手がさっぱり気持ちよくなさそうだったりすると、とてもやる気がなくなって性欲も失せてしまったりする。よく言えば「セックスは愛の共同作業。相手も自分も一緒に気持ちよくなるもの」ですが、うがった言い方をすると「セックスは相手を征服して支配欲を満たすもの」「自分の影響力を実感する行為」でもあるのです。

テリー　だから、相手が悶《もだ》えれば悶えるほど満足感が大きいんだ。

小　池　とくに男性的な欲求はそうですね。そのバリエーションの一つとして、言葉で攻めて相手を恥ずかしがらせて喜んでみたり、相手を組み敷いていることを視覚で確認することが快感だったり、ソフトSとかソフトMとか、やや暴力的な性表現もそういうところからきていると思います。

テリー　お坊さんの口から「言葉攻め」とか「ソフトＳＭ」とかって聞くと、妙に説得力があるっていうか、ちょっと興奮しちゃうなあ。

小　池　それはそれは。

小池

ＡＫＢ48というグループは、
どこが優れているんですか？

テリー

お互いに切磋琢磨して
成長していくところがすごいですね。

「いい人」をやめる

小　池　テリーさんが一緒にお仕事をしていて、さきほど話題に出てきたＡＫＢ48の子たちというのはどこが優れているとお考えですか？

テリー　小池さんが指摘したようにキーワードの一つは制服ですよ。ああやって同じ制服を着て人気グループになったでしょ。それって、男子高生に人気の高い女子高みたいなところがあるわけです。そのなかで彼女たち一人ひとりは「自分が自分が」ってあまり前に出ようとはしないんです。芸能人なんて、みんな「私が私が」なんだけどＡＫＢ48はそうじゃない。他の子よりも優れて抜きん出ようっていうよりも、集合体の力で人気が出ていくグループなんです。そこはすごく日本人的です。それと同時に、切磋琢磨《せっさたくま》してお互いに成長していくところがすごいですね。

小　池　なるほど。たしかＡＫＢ48にはファン投票のようなシステムがあるんですよね？

テリー　選抜総選挙ですね。１位から最下位まで投票数で順位をつけるんです。

小　池　はい。かつて、その中で何人か過呼吸になってしまったというエピソードを聞きました。選挙結果の発表直前に勝つか負けるか緊張と興奮で過呼吸になったという話です。

テリー　大島涼花や横山由衣でしょ。

小　池　私が感じたのは、そういうシビアな勝ち負けのゲームにさらされた若い子たちの心に与える影響の大きさです。そして、それはＡＫＢ48だけがそういう状況に置かれているわけではなくて、「世の中の人たちの勝ち負け」とまったく同じだと思います。

テリー　ＡＫＢ48は、勝ち負けや序列が冷酷無比につけられてしまう社会の縮図だというわけですね。

小　池　はい。ＡＫＢ48の選挙というのは、自分がだれより上位になるか、だれより下位になるか、究極の自尊心の上げ下ろしのゲームに身を置くということです。勝つにしても負けるにしても、それが人生のすべてみたいな感じになってしまって、だからこそ身も心もパニック状態に陥って、すごい精神状態に置かれて過呼吸になるわけです。負けた人はボロボロになる。でも、負けても仲間同士だから慰め合ったり支え合ったりしているのでしょうが、敗北感は消せません。敗北感というのは自尊心を深く傷つけることになる。それはこの世に勝ち負けという仕組みがある以上、負ける人が出てくるわけですから、ＡＫＢ48の子たちと同じように、社会の中で敗北感を抱えている人がたくさんいるということです。

テリー そこで、「負けた悔しさをバネにがんばる」という人もいるでしょうけど、そうそう強い人ばかりでもなかったり、そんなにリベンジって簡単なことじゃなかったりするから。

小　池 負けた人たちの悔しさというのは絶対的にあるはずのものです。ところが、いまの世の中は昔に比べて、そういう悔しさや恨みのようなものを覆い隠すような風潮があります。ＡＫＢ48の子たちが、自分が負けても勝った人を恨むことなく称《たた》えたりするのと同じように、社会の中でも、みんな妙に道徳的になっていて、悔しさのあまり恨んでいるというような素振りは見せない。勝った人に「おめでとう。よかったね」と笑顔で声をかけたりしているのです。つまり、負けた人たちは負けて悔しいにもかかわらず、「悔しい！」と泣き叫ぶこともできない。これはある意味不健康なことです。負けたときは悔しくて泣いて涙が枯れたらまた笑顔でがんばるというほうが、嘘がないぶん健康的でまだマシかもしれません。

テリー　たしかにそうだよね。あの戦争で負けた人たちの悔しさとその後のリベンジのパワーって、まさにそうだよね。負けて悔しくて「くそー、あの野郎」っていうのが、昔はもっとあったのかもしれない。

小　池　悔しさや嫉妬心を隠して「おめでとう」と笑顔で言うのは、自分の心をごまかす偽善の煩悩で自分を押し殺して苦しくさせるのです。

テリー　ということは、もっと感情を表に出したほうがいいっていうことですか？

小　池　まあ、あまり一概にそうとも言えません。二面性があります。ただ、一つ言えるのは、現代人は一様に人に嫌われたくないから、すごく道徳的でありすぎるというか、とても限定的な意味で、いい子ぶっている気はします。

テリー　たしかに「人に嫌われてもいいからこれをやる」っていうフレーズは、日本では聞かれなくなっちゃったもんなあ。

テリー　仏教者はセックスしてもいいんですか？

小池　本来はダメです。世界の中で特異的に日本仏教だけがしてもいいことになっているんです。

悟った人が増えると人類は滅亡する？

テリー 仏教者は、セックスしていいんですか？

小　池 仏教の場合は、私たち日本仏教と、あとはたしかネパールの仏教だけが世界の中で特異的に、いつの間にか、してもいいことになっているんです。

テリー いいですねえ、それ。日本の仏教が世界でいちばんいいですよ、それは。

小　池 あはは。私の実感からしますと、セックスをすると瞑想の集中力がいくらか落ちますから、「いちばんいい」と申せるかはわかりませんけれどもねぇ。良く申せば、清濁《せいだく》併せ呑《の》む、という感じでしょうか。

テリー チベットのお坊さんたちも、当然、しちゃいけないんですね。

小　池 しないです。ダライ・ラマも、もちろんしないです。ただ、ダライ・ラマの歴史の中で、例外的にダライ・ラマ六世が還俗後、恋愛をしていたり、宮殿を抜け出して恋人に会いに行ったりしていたという有名な伝説はあります。それは例外中の例外。仏教の本筋からすれば、戒律の中に「セックスは禁止」というのがあって、セックスどころか女性の肌に触れただけで破門という世界です。

テリー　そうなると、同性愛みたいなものに走らないですか。人間にはだれかを愛したいという本能があるじゃないですか。

小　池　そこは仏教の場合、瞑想などの身体技法で心を鎮めることを常にやっているので、さほど同性愛的な問題は見られません。まっとうに修行に没頭しているときは、集中状態に入ると、セックス以上に心地よくなる感覚もしばしば生じるものです。ですから私の場合、性欲や食欲は集中的に修行している時期はあまり出てきませんでした。もっとも、ブッダが定めた細かい戒律の中には性行為に関する規律がやたら多いのです。同性愛を禁ずる項目や、牛や馬などの動物とセックスしてはならないといったような禁止事項まで細かく存在したようです。

テリー　わざわざ書いてあるっていうことは、そういうことをした人がいるから禁じているっていうことですよね。

小　池　おそらくそういうことでしょう。女性出家者に自分の精液のついた衣を洗わせてはならないというような禁止事項もあったということは、そういうことをしていた人もいたのでしょう。ブッダのような解脱《げだつ》の境地まで行くと、性欲は完全に消滅するというふうに言われているのですが、そこに至る前の修行僧には、そういう戒律も必要だったということでしょう。

テリー でも、そういう高尚な悟りを開いた人たちがどんどん増えていっちゃったら、子孫を残せなくなりますよね。また少子化だ。

小　池 大丈夫です。そういう人は絶対に増えない。こうした仏教者は人類が続くかぎり圧倒的少数派です。環境ホルモンとか汚染物質とか生命の力が弱まって少子化が進むことはあっても、解脱者が増えて少子化になることは金輪際《こんりんざい》あり得ません。

テリー そりゃそうだ。にせものの悟り世代はいても、本物の解脱者はそうそう出てくるわけがないもんね。

第4章

終わりなき男と女の関係

テリー

別れた彼女のことが
いつまでたっても忘れられないんです。

小池

逃がした魚は大きいと感じるのは、
一度でもちゃんと手に入れたという
実感を持てなかったからでしょう。

異性への妄想から目を覚ます

テリー　かわいい彼女がいるのに浮気して、その浮気がバレて彼女に逃げられて、別れた彼女のことがいつまでも忘れられない。僕は、ずっとそういうダメ男なんですよ。女好きで浮気者のくせに女々《めめ》しい。いつまでも別れた女のことが忘れられないのって、いいことは何ひとつないですよね、もう二度とよりが戻らないとしたら。忘れられない思いが消えないまま、いま一緒にいる彼女にも失礼だし、自分も不幸だし。

小　池　忘れられないというのは、とくにどういうところが忘れられないのでしょう。優しさなのか、顔形なのか、肌触りなのか、胸の形なのか……。

テリー　全部です。かわいかったし、夜もよかったし、性格もよかった。でも、こっちは結婚しているから、ずっと付き合っているわけにもいかないのに、どうしても忘れられない。ものすごく身勝手なんですけれど、こういうアホな煩悩は、どうすればいいんですか？

小　池　おそらく、その女性のことを完全に自分が手に入れられるような立場にあって、なおかつ相手も自分に完全に惚れてくれていて、自分は結婚していないという状況だったら、そこまで忘れがたい思いはしていないんじゃないでしょうか。相手をちゃんと手に入れることができて、そのたしかな実感を得ていたら、いまのような感情はなくなっていたでしょうね。

テリー　ああ、ないものねだりっていうか、逃がした魚は大きいという喪失感みたいなことですか？

小　池　ええ。相手を求める感情の度合いというのは「その相手は、どれだけ自分の手中にあるか」という実感の大小によって変わってくるのです。相手の心の中には100%自分だけしかいない。いつもこちらだけを見ていて、いくらでも尽くしてくれるという状況にあると、むしろその相手に求める感情というのは弱まるというか、ほしがらなくなるのです。人間の欲望の矛盾でもありますが、「ない」からこそ「ほしい」という気持ちが強まるし、「ある」ものはすでにここにあるわけだから「ほしい」とは思わない。人間の欲望の構造として、もっとも「ほしい」度合いが高まる対象というのは、一度、手に入りそうになったけれど、手に入らなかったものです。いわば欲望のシークレットブーツのように、ほしくなる度合いをさらに底上げしてしまうわけです。

テリー　じゃあ、そういう相手をほしいという感情の度合いを下げるには、どうすればいいんですか？

小　池　その度合いを下げるためにいちばんいい方法は、一度、完全に手に入れることです。そうしてみると、案外だんだん神経に慣れが生じてきて、あまりほしくなくなってくるのです。

テリー　そうか。中途半端な距離感のまま、手に入れられずにいると、ますます悶々《もんもん》として思いが募っていくだけなんだ。

小　池　そうです。まさに、女子に対して最大の憧れを持っている男子というのは童貞ですよね。童貞の人というのは、あまりにも女子を求める欲求が高じてしまうと、女子への憧れや幻想が大きくなりすぎて、男女の寄り添いは完全なるユートピアだと信じて疑わなくなってきます。私が悩み相談を受けた極端な例では、「自分の人生がうまくいっていないのは、女の子と付き合っていないからだ。彼女ができて一緒にいられるようになったら、人生はバラ色に変わり、最高にハッピーな日々になるにちがいない」という妄想をしている青年が二人ばかりいました。

テリー　いましたか。

小池　はい。でも、別にバラ色にならないじゃないですか。まあ楽しいことはいろいろありますけど、ハッピー一色には決してなりません。その人の人生が閉塞《へいそく》しているのは、女性と付き合っていないからではなくて、その人の思考がいろんな問題を呼び起こすパターンに固定しているからであって、そのパターンのまま女性と付き合っても、結局は似たような閉塞にぶち当たるだけなのです。ただ、その人にとって、女の子と一度も付き合っていないために、女性の存在感がすごく高嶺《たかね》の花になっていて、株価が上がりまくっているわけです。その妄想を正すための最大のコツは、実際に彼にとって理想的な、最もすばらしい女の人と付き合わせてみて、一度は完全にそれがうまくいったという経験をしてみることです。最初のうちこそ天にも昇るほどうれしくて気持ちよくて幸せだと思うでしょうけれど、だんだん神経に慣れが生じて気持ちよくなくなってくる。そうすると、「なんだ。別に女性と付き合っても人生バラ色じゃないし、女の人って、こういうものか」という感じで、その病気が治るのです。ですから、手に入れられるものは全力で手に入れて、全身でそれを味わって徹底的にやり尽くしたほうがいいと思います。それができないから、いつまでたっても逃がした魚が大きく見えてしまうのです。

テリー　まったくそのとおりです。すばらしいお答えをいただきました。小池さん、握手、握手。

小　池　ほう。手に力がこもっていますね。どうやら少し視界が開けたようでなによりです。

テリー　いまどきの男は、
なぜこんなに女々しくなって
しまったんですか?

小池　男が強いと思われていた時代の
男をよく見ると、
実は案外、弱いんです。

馬脚を現わした男たち

テリー　僕は自分のことを女々しい男だと思っているけれど、いまの時代、基本的に男って、みんな女々しいですよね。昔の日本男児は「俺についてこい」と言っていたけど、いまどきの男は女々しいし、女の人のほうがしっかりしていますよね。いま学校の先生たちに話を聞くと、十人中十人が「女子のほうが圧倒的に優秀だ」って言いますよね。それは僕らの仕事の現場でもそう感じるし、各企業でもどんどん女子が出世して社長だの役員だのっていう時代になった。それで男たちも恥ずかしげもなく「女のほうが強いから」と、女性の一歩後ろを歩こうとするようになってきた。昔より男が楽になったといえばそうなんだけど、これって、どうなんですか？

小　池　いまのほうがずいぶん日本の男は楽ですよね。見栄を張らずに現状に合わせて生きていけますから。

テリー　でも、ちょっと卑怯なような気もするんですよ。よく昔は強かった男が定年が近づいてくる頃にはみんなヘタってきて、「あんなにカッコよかったお父さんがこんなふうになっちゃって」という話だったでしょ。それはそれで「長い間、お疲れさまでした」っていう平和な家族の物語だったけど、はなっから情けなくて、お母さんに頼りきっているお父さんって、これどうなのかなあ。

小池　昔の男性は、なかなかずるいことをしていましたよね。まず女性の手足を縛って、外で働けないようにして、収入が得られない立場にとどめさせた。そして、経済面以上に強力なのは精神的な支配です。社会に出られない女性が自分の価値を実感するのは、夫を支えて家庭を守ることだけ。ご主人様を通じてしか自己価値を実感できないという状況に閉じ込めて、女性を支配したわけです。女性を経済活動や社会活動から遠ざけて、花嫁修業をして専業主婦になる道に限定した。花嫁修業というのは実社会や生産活動とは関係なさそうな「お花」や「お茶」といった少女趣味的なこと、あとは家事全般。つまり男社会に追従して生きる女性を養成するためのシステムを作って、そこに多くの女性たちを押し込めることで男性社会を成立させていたのです。少女趣味的なことというのは、どんなに一生懸命やらせても権力や力をつけるということはありませんからね。

テリー　女には、いかに従順な妻として夫に尽くすかということに専念させて、力に関することは男が独占していたわけですよね。

小池　そうです。そういう「力」を手に入れて他人の上に立ちたがることを、仏教では「慢《まん》の煩悩」と言います。昔の男女でいえば、男性が慢の煩悩を独占していたわけです。ただ、女性にもわずかながら慢の煩悩を感じさせるチャンスを上手に作っておいてあげたのが、「私がいないとあなたは何もできないでしょ」というものです。男の人に服を着せてあげたり、ご飯を作ってあげたり、男への奉仕ではあるのですが、ただの奴隷状態だと、さすがに自尊心が崩壊してしまう。そこで「俺はお前がいないと何もできないんだ」と、日頃は偉そうにしつつも、女性が微妙に「実は私があなたを支配しているのよ」という気持ちにさせていたわけです。

テリー　ああ、「この人は自分のパンツがどこにあるのかも知らないのよ」とか「俺は保険証がどこにあるかも知らないから、お前がいないと病院にも行けないよ。お前がいないと生きていけないよ」とかって言われて奥さんの溜飲《りゅういん》が下がるという、昭和のホームドラマですよね。もうそんなテレビドラマ、成立しないよね。

小池　もちろん実社会でも、そういうものは成り立たなくなっていますね。昔の男性が「おい、飯」とか、「おい、風呂」と偉そうにしていられたのは、そうやって女の人を従属させて、面倒をみてもらうことを通じて、「ああ、自分はこんなに女の人に大事にしてもらえているんだから、自分には価値がある」と実感している面もあった。それはそれでけっこう女々しいですよね。そういうふうに扱ってもらえなくなると、自分の価値を実感できなくなって悲しんだり怒ったりするわけです。

テリー　結局は男女の立場がどうであれ、昔もいまも男のほうが、か弱い生きものだっていうことですか？

小　池　生物学的なアプローチでは、ある程度そう言えるようですね。女性のほうが生きものとして強い、と。男というのは、女の染色体のパターンにあとから無理矢理また染色体のパターンをつけ替えることによって生まれてくるものなので、安定性が弱くて、生物としての生命力が弱い。それで女児よりも男児のほうが生まれてすぐ死ぬ率が高いのです。科学者の仮説によると、どうやら男性のほうが生命体として弱いぶん、頭をやたら回転させて理念を作り上げたり、理論が達者になったりしたのではないか。生きものとして女よりも脆弱《ぜいじゃく》である男が、それを代替せんがために、より理想的な状態を頭の中で考えたり妄想したりしたのではないか。つまり、女性のように現実そのものを楽しむのではなく、空理空論や妄想、ときに変態行為に走ろうとするのではないか。そういう仮説です。実際、男性が女性を見るとき、「裸よりも下着姿が興奮する」とか、どこか女性の体の特定のパーツだけが好きとかということはよく聞きますが、女性の口からはほとんど聞かないですよね。

テリー　たしかに足フェチの男はいくらでもいるけど、尻フェチの女の話はあまり聞かないな。

小　池　男性はやたらと妄想して、現実じゃないものに憧れたり、興奮したりする。これは科学的な仮説では、生物として男のほうが脆弱だからだというわけです。

テリー　「男というのは女よりも脆弱な生きものなんだ」ということを、男は自覚して生きていくべきなんですか?

小　池　むやみに強がろうとするよりは、脆弱であることを受け入れたうえで生きていくというのは、ある意味で賢明な生き方と言えるでしょう。「いまどきの男は脆弱だ」と言われるようになった一番の理由は、さきほどの話のように、昔の男が独占的に力を持って女性の力を抑えるような社会を形成していたものが崩壊したことです。女性を意図的に弱体化させるような社会システムが大きく変革して、男女の力が平準化されてきた。これが後戻りするようなことは、おそらくもうないでしょう。

テリー　平準化するっていうのは、やっぱりいいことなんですか？　それって、男にとっても女にとってもいいことなのかな。

小　池　世間では「平等は無条件にいいもんだ」と思い込んでいるふしがありますが、なんでもかんでも平準化すればいいのかというと、かならずしもそうではないかもしれません。たとえば、昔の男性は、女性に立ててもらったおかげで、本来ひ弱いのにがんばって一人前の男になれた。その支えがなくなったとたん、ただの「ひ弱い男」だらけになってしまった。一方、昔の女性は男性から「俺がお前を命がけで守るから黙って俺についてこい。俺にはお前しかいないんだ」と言われて、「愛してもらっているわ、私」と思えていたのに、もうそんなことを言ってくれる男はどこにもいなくなった。こうして、ある意味ギブ&テイクで持ちつ持たれつというのは案外に悪いものでもないので、これが失われていくのはもったいない気もします。私もどちらかというと、古風な男女観念を持っているものですから、テリーさんのように「ちょっと心配だ」と思っているのには、けっこう共感するところもあるんです。

テリー　心配なんですよ。このままでいいのかなって。

小　池　最近の男女を見ていると、かつては「ねえ、私のこと、本当に好き？」というセリフは女性のものだったのが、むしろ男性がそう言うようになっていますよね。

テリー　愛するんじゃなくて、愛されたい男子が増えましたね。

小　池　「愛されたい」「大事にされたい」という男性が増えて、彼女にこう言うのです。「なんで俺のこと、ぜんぜんわかってくれないんだ」と。これは、かつて女性の側のセリフでしたよね。これも男女が対等になったからこその現象なのかもしれませんね。どっちもお互いに「愛されたい」だけだと恋愛は成り立ちません。そうやってカップルも結婚も減ってしまうと、ますます少子化が進んでしまうという心配はあります。

テリー　やっぱり、本来ひ弱な男だけれど、「俺が守ってやる」「俺が死ぬまで愛してやる」という気合は必要ですよね。ずっとは無理でも、ある時期、そういう自己演出をする。男女お互いにプレーでもいいから「強い男プレー」「男を立てるプレー」みたいなのがないと、少子化は止まらないんじゃないかな。

小　池　そういうプレーが案外、新鮮だったり、快感だったりするかもしれませんよ。

テリー　うん。どっちも「愛されたい」って言ってるより、「昭和の夫婦プレー」とか「昭和の夫婦の日」みたいなのを作ったら少子化対策になりそうですよね。

小　池　昭和的な不平等さ、自覚的にお互いが選びとるならけっこういいと思います。

テリー　いじめは、
どうしてなくならないんですか？

小池　自分の価値を見出せない人は、
だれかをいじめることで
自分の力を実感するしかないのです。

いじめはなぜ増えるのか?

テリー　いじめの問題が、いつまでたってもなくならないですよね。「いじめは昔も今も世界的にあるんだから」と言う人もいますが、これって、人間として仕方のないことなんですか? 昔からあったって言うけど、いじめのニュースを見ると、年々悪質化していますよね。いじめで自殺の練習をさせた子が本当に自殺してしまったとか。そういう問題が起きたのに、学校側は「因果関係が認められない」って責任逃れをしたり、隠ぺいしようとしたり、いじめを取り巻く状況は、やりきれない問題が増える一方ですよね。

小　池　あえて、余計な前置きを一つします。いじめも戦争もそうなのですが、皮肉なことに「そういうことも起きてしまうよね」と考えている社会よりも、「それは絶対になくさなきゃいけない」と考える度合いが強すぎる社会のほうが危ないように見受けます。世界平和をあまりにも強く言いすぎる人が、目の前の平和的でない現実に対してフラストレーションを抱えすぎて、かえって攻撃的な行動を起こしたりすることがある。とても変な言い方に聞こえるかもしれませんけれども、この世界はいつも問題に満ちあふれています。多くの問題がある中で、ある特定の問題を取り上げて、とても大きく騒ぎ立てる報道などを見ていると、「なぜそのことだけにこんなに騒いでいるのだろう」と感じることがあります。たとえば、ある政治家が特定の問題について声高《こわだか》に叫んでいるのを見ると、「この人はこの問題で騒ぐことによって何かを隠したいのだろう」などと思ってしまいます。マスメディアが「これは大問題だ」と叫び、それを見ている人が一緒になって心配しているのを見ると、そうやって騒いだり気をとられたりすることで、自分が抱えているリアルな問題から一時的に目をそらそうとしているんじゃないかと疑ってしまうことがあります。ニュースや社会問題が気晴らしというか気を紛らわすタネになっているかのように見えることさえあります。

テリー　ああ、それはあるかもしれませんね。芸能人の不倫問題をテレビで見て、「こいつ、許せないな」とか言っているけど、実は自分のほうこそよっぽど深刻な家庭問題を抱えているとか。ただ、このいじめについては、みんな他人事じゃないですよ。自分の子どもなんかにも現実に起き得ることですから。

小　池　もちろんそのとおりです。いじめに関して言えば、まさに私も中学校のときに、いじめにあっていました。

テリー　どんないじめを受けていたんですか？

小　池　上級生に「生意気だ」と言われて殴られる、蹴られる。自転車をドブに捨てられて、泣きながら引き上げたとか。まあ私も奇天烈《きてれつ》な言動で学校内で目立っていたので、そういう連中に目をつけられやすかったんです。いちばん屈辱的だったのは、カツアゲにあったとき、断れないままお金を渡しちゃったことです。どんなに殴られても拒否することはできるはずなのに、それが恐いから完全に従ってしまった。あの敗北感は忘れられませんでした。

テリー　そりゃあ、痛い思いするのはイヤだもんね。小池さんご自身は、どうやって自分のいじめ問題を解決したんですか？　だれかの助けですか？　時間ですか？　それとも、いじめられている自分を何か変えようとしたりしたんですか？

小　池　私が自分を変えようとしたのは、もっとあとのことです。高校、大学と、どんどん自分がメチャクチャになっていって、大学生のときに精神が破綻《はたん》しかかるところまでいって、そこでやっと変えようとしたのです。中学生のときはまだダメ。変わることはできませんでした。いじめについては、私をいじめていた上級生のみなさんが卒業してくれて、「ああ、やっといなくなった」というときがやってきただけのことです。

テリー　嵐が過ぎ去るのをじっと耐えて待っていたんだ。

小　池　何もできなかった屈辱はずっと消えませんでした。あの屈辱感や劣等感が自分の身体にへばりついたような思いは、後々自分に影を落としました。あとでツケが回ってきた。その屈辱と劣等感のせいで自分の価値が実感できなかったぶん、だれかにツケを回してしまう。友だちの前で見栄を張ってみたり、彼女を虐《しいた》げてみたりして、自分のほうが立場が上だと実感するために自分が優位に立とうとする。大学に入って小理屈が立つようになってくると、他人の問題点を見つけてケチョンケチョンに批判して、へこませることで優越感を味わっていました。タジタジになっている相手には、ますます傲《ごう》慢《まん》な態度をとってみせる。中学生のときの劣等感が激しかったぶん、その仕返しのような愚かしいことをしてしまった時期もあります。

テリー　また小池さんは頭がいいから、だれも言い負かせないし、嫌味でやっかいなヤツだったんだろうなあ。

小　池　そのとおりだったと思います。当時はそういう比較的シンプルないじめでした。

それに対して、いまのいじめが非常に陰湿化している理由は何かと考えてみれば、いじめをしている子たちが置かれている社会的状況に原因がありそうです。私たちの時代のいじめっ子たちが感じていた居場所のなさとか、自分の存在感の希薄さとか、やり場のない怒りというのが10ポイントだとしたら、いまのいじめっ子たちが感じているのは100ポイントぐらいになっていると思います。彼らにそう感じさせているものは何か。それはいまの社会における彼らの状況です。社会中のあちこちで「あなたは立派な個性を持っている。生きているだけで意味がある」というような小ぎれいなメッセージが発信されています。しかし、その反面、現実に自分たちが受けている扱いは、そんな立派なものではない。「すべての人間には尊厳がある」「人間の価値はみな等しくある」と綺麗事を言われても、そんな待遇はさっぱり受けていないし、実感できる場所もない。そういう表面的な美辞麗句《びじれいく》と、実際に我が身が置かれている閉塞感の落差に対するイライラ感が、いまのいじめっ子の負のエネルギーを十倍にまでしていると思います。

テリー　いじめる側の子がどういう環境にいて、日々どんな思いを抱えているかというのは、僕らもちゃんと見ていかなければいけないですよね。この前、いじめ問題で自殺者が出たときに、会社を経営している知り合いが、僕にこう言ってきたんです。「僕は中学のとき、いじめっ子だった。それは自分の家庭環境が悪かったから、人をいじめることで鬱憤を晴らすしかなかった。きっと、いま、いじめている子どもたちにも、まず家庭や学校で自分自身が癒しがたい傷を抱えていて、別の子をいじめて傷つけることでしか自分を保てないんだと思う」って。いま彼は五十代半ばだけど、四十年前の心の傷をいまだに生々しく覚えているんです。「だからこそ、いじめている側を責めるだけじゃなくて、その子たちの心の闇を見てあげなきゃいけない」って。

小池　いじめをする子を見てみると、何がその子たちをそうさせているのかといえば、やはり、「自分にはどこにも居場所がない」という思いです。表面的には家族がうまくいっているように見えても、親が自分の話にちゃんと耳を傾けてくれない。親が子に一方的に指示命令のような話をするばかりで、子どもが何か言っても正面から取り合ってもらえないし、ピント外れな答えしか返ってこない。自分の存在をしっかり受け止めてもらえない、認めてもらえない。そうなると、子どもは、自分の存在意義や存在価値を見つけたり確認したりすることができなくなります。そこで自分の存在感を実感するための手段として、他人を利用しようとするのです。もっとも安易なやり方は、自分よりも弱そうな子をボコボコにすることや、辛くて惨めな状況に追い込んだりすること。そうすることでしか自分の力や存在価値を実感できないのです。

テリー　子どもが自分の存在感を知るのって、まず最初は親が自分を愛してくれるとか守ってくれるとか褒めてくれるとか抱きしめてくれるとか、そういうところですよね。それが得られないから、自分で自分の存在感や存在価値を見つけなきゃいけない。それで、だれかを自分の力でいじめて、自分が相手より優位に立っているという実感を得ることで、自分の居場所を見つけているわけですよね。

小　池　そういう図式が、まず見えますね。

テリー　もともと子どもに必要な愛情って、何か他の親に比べてスペシャルな愛情というわけじゃなくて、ごく当たり前というか、日常の些細《ささい》なものだったりしますよね。いわゆる、ふつうの親から子へのケアとか関心とかスキンシップとか。どこかをぶつけて泣いたときに「よし、よし、大丈夫だよ」というように、悲しかったり寂しかったり小さな心が痛んでいるようなときには寄り添ってあげるとか。そういうことで子どもは安心したり自分の存在感を自然に覚えたりしたわけでしょ。そういう小さなケアは、昔から、どんなに忙しい親でも、おっかない親でも、わりと当たり前に子どもにしてあげていたような気がする。だけど、いま、それが欠けている家庭が増えちゃったのかな。つまり、それができない親が増えているっていうことですか？

小　池　残念ながらそうなってきたと思います。昨今は親も「子ども」なので、子どものケアができない。子どもが子どもを育てているようなものです。そこでの愛情関係がどうなっているかといえば、子どものほうは昔と変わらず「親に愛されたい」と思っていても、いまの親は「子どもを愛してあげたい」と思う以上に「子どもに愛されたい」と思っている人が多くなったのです。だから、親は子どもに何か命令して、子どもが言われたとおりにしなかったら、怒ったりキレたりする。なぜキレるのか。「この子が私のことを愛してくれているなら、何でも私の言うとおりにやってくれるはずなのに、ちゃんとしてくれない」と思っているのです。親というのは子どもに愛されることを期待してはいけません。親は子を愛し、守り、慈《いつく》しんであげる立場であって、ある意味でそこは不公平じゃなければいけないのです。

テリー　親は子に、一方的に無償の愛を与えればいいんですよね。

小　池　そうです。お互いに愛し愛されたいと親が思ってしまうから、愛情を押しつけたり、「なぜあなたは私の愛情をちゃんと受け止めてくれないの？」などと子どもに言ったりするわけです。それで子どもの居場所が家庭になくなってしまうのです。

テリー　ああ。さっきのいまどきの男女の恋愛関係の話と一緒ですよね。「どうして僕のことをわかってくれないの？」って男も言い始めた、という小池さんの指摘が、親子にも共通しているんだ。

小　池　そう。近頃の男女関係と同じことが起こっています。男性は女性に「どうして私のことをわかってくれないの？」と言われたら、そういう女性の気持ちをちゃんと受け入れて、理解を示してあげることで女性に居場所を作ってあげることができる。その結果として男性は「女性の居場所を作ってあげる立場」という居場所を得られる。かつてはそういう図式が成立していたけれど、いまは男性も「どうして僕のことをわかってくれないの？」と言うから、お互いに居場所を見つけられなくなって、恋人関係も夫婦関係もうまく築けない。

テリー　で、親子も同じようになっちゃったわけだ。親が子どもに居場所を作ってあげる前に、自分の居場所を子どもに作ってもらおうとしているということですよね。やっぱり親の幼稚化が大きな問題ですね。

小　池　おそらく、いまそういうふうになっている親には、自分が子どものときに親との関係が良好ではなかったというケースも多いように思います。

テリー

勝ち負けで言うと
世の中の人は大半が負けていますよね。
どうやって生きていけばいいんですか?

小池

一つひとつの勝ち負けを
そこそこ薄めるようにしたらどうでしょう。

自己実現は自己満足にすぎない

テリー　いまの社会は「あなたは立派な個性を持っている」「生きているだけで存在価値がある」というメッセージが蔓延《まんえん》しているわりに、ぜんぜんそれを実感できない社会だという小池さんの指摘を聞いて、「世界に一つだけの花」の歌詞を改めて思い浮かべました。「ナンバーワンにならなくても、あなたはもともと特別なオンリーワンなんだよ」っていうのは、たしかに個人個人の個性を尊重した美しいメッセージですよね。「そんなにムキになって人と競い合おうとしなくてもいいんだよ。あなたはそのままでいいんだよ」っていう励ましが、ある時期から日本中で聞こえるようになりましたよね。たぶんこれは経済成長もバブルも消え去って不景気が続いて、日本が落ち目になってしまってからの「敗者のテーゼ」みたいなところがあると思うんですよ。日本低迷に対する励ましでもあり、慰めでもあり、傷口の舐め合いでもあり、言い訳でもあるんじゃないかと思うんです。

小　池　ええ。それは多分にあると思います。美しいメッセージと社会の実態が乖離《かいり》しているところにポンと放り込まれた。そういう人たちがたくさんいるわけですから。

テリー　理想と建前のところでは、それこそ「あなたには基本的人権があります」と言うのと同じように、「あなたには十分な存在価値があります」と保証するかのようなことを言っておいて、実際は、かつてないほど生存競争が激しくなっていて、勝ち組と負け組がはっきりした世の中になっているわけです。「自分は負け組だ」と思って生きている人が、勝ち組の人を見て日々何を感じているのか、この社会状況の中、これからどうやって生きていけばいいのか。これって本当は、ちゃんと考えたり語ったりしなければいけない問題ですよね。でも、メディアで発言する人たちって、政治家やマスコミの人間も含めて、実はこういう問題は言い方が難しいところもあるわけです。たとえば、社会的な格差の問題について、自分の良識や問題意識に基づいて何か語ったとしても、「どうせお前は勝ち組じゃないか」「現実はそんなに甘いもんじゃない」とかって言われちゃうから。そこで、小池さんの立場で、勝ち組と負け組の問題についてどう考えているか、聞かせてください。

小　池　この社会の中では、便宜上にしろ必然にしろ、一定の軸を作ると、かならず勝者と敗者が生まれます。経済にしろスポーツにしろ、ある特定のジャンルを設定すると、そのジャンルの中では九十パーセント以上の人は敗者になると言っていいでしょう。そういうなかで、勝ち負けをどのようにとらえるか、そして、勝ち負け以外の価値基準をどう取り入れていくかがポイントになってきますね。

テリー　スポーツのような勝負事は、勝ち負けをつけるために本人が望んでやっていることだから問題ないはずなんだけど、その中でさえも、やりきれないときがあります。たとえば、五輪とかW杯とか四年に一度、国民の期待を背負って戦う選手たちは、それこそ負けたら自殺してしまう人もいるほどシビアですよね。で、五輪のあとにメダリストが凱旋《がいせん》パレードをやって銀座に五十万人とか群衆が集まるのを沿道で見ていると、素直に感動する部分もあるけれど、その裏側の残酷さに胸が締めつけられもする。紙吹雪を浴びて金メダルを掲げて手を振っている選手に向かって「おめでとう！」と大声で叫びながらも、その選手とまったく同じように「金メダル確実」と期待されながら敗れ去った選手のことを思わずにはいられない。その選手は当然そこにはいないわけです。きっと家で一人、唇を噛んで涙にくれているにちがいない。その選手だって、金メダルに輝いた選手と同等以上に死ぬほど努力して命がけで戦ったのに、国民の期待が大きかったぶん、落胆も大きい。その選手はその五輪に勝てなかったことで人生が変わってしまったりもするわけです。「そういう世界だから」と言われればそれまでだけれど、そういう選手の思いを考えると、なにも銀座に五十万人も来なくたって、もうちょっと静かに喜んでもいいんじゃないか。もしかしたら、ここに来ている人たちも、薄々そのことを感じながらこうして騒いでいるんじゃないかとさえ思ったんですよ。

小　池　そこでは称賛の嵐が渦巻いている中で、実は表面意識における称賛と、深層意識における嫉妬心を助長してもいるんですよね。勝者がいれば敗者がいるという当たり前のことをみんな頭ではわかっています。そのうえで、勝者を賛美し祝福し、自分も一緒に喜びたいという気持ちがある一方、ふと我に返って「でも自分は現実社会において勝者ではない」と思ったりもする。だからこそ、勝者に憧れもするのですが、一方で嫉妬もするという複雑な感情も実はあったりしますね。

テリー　そこなんですよ。勝ち組、負け組という言い方も概念も僕は前々から嫌いです。でも、現実には勝者と敗者がいて、小池さんが言うとおり九十%以上の人たちは負けている。それこそ銀座に集まっている五十万人の中で「私は勝者です」と言える人は五万人もいない。じゃあ、残りの四十五万人以上の人たちは、明日からまたどういうふうに生きていけばいいんでしょう。

小　池　まちがったやり方と、よさそうなやり方をそれぞれ紹介したいと思います。まず、まちがったほうから。私が子どものとき、まさにそうでしたが、スポーツがすごく苦手で、ずっと悲しい思いをしていました。スポーツが得意な人たちが称賛されているのを見ると、とても悔しい。ただ、私はスポーツが下手ではあるけれど、決して嫌いなわけではなく、「僕も上手になりたい」と思ってがんばっていたんです。でも、一向に上達せずに苦手なまま。そこで、私は無理やり価値観を作り換えることにしました。「スポーツができるのは素晴らしいことだ」という価値観を、「スポーツができるのは素晴らしいことでも何でもない」というふうに考え直すことにした。「日に焼けて真っ黒になってスポーツが上手になったり勝ったりするのは価値のあることではない」というふうに自分の人生ゲームのルールを書き換えた。「スポーツというのは、他人と争って勝とうとする野蛮で愚かなものだ」と。自分はそういう野蛮なものじゃなくて、もっと文化的な行為をしよう。自分はスポーツに夢中になっている連中よりも知的で高尚な存在なのだ。そういう価値観を作ったのです。

テリー　スポーツマンなんていうのは下品で頭のよくない連中で、自分よりランクが低いんだと思うようにしたわけだ。

小池　そうです。でも、もともとスポーツが嫌いだったわけじゃないのに、わざとそう考えるように自分をし向けているのだから、ねじ曲がっているのです。それは、たとえば、自分が苦手な人間がいるとする。でも、実は最初からその人のことが苦手だったわけじゃなくて、むしろその人のことを好きだったかもしれない。相手が自分に対して好ましい振る舞いをしてくれないから「この人、嫌い」と書き換えてしまう。それと同じことです。その相手に対して自分は好意を持っているのに、相手のほうは自分に対して冷たいし好意を持ってくれないという形になると、そのゲームで自分は敗者となってしまう。そこで、「私はこの人が嫌いだ」と書き換えてしまえば、負けることにもならないし、プライドも傷つかないですむという次第です。

テリー　本当はその人が好きなのに、自分を好きになってくれないから「こんな人なんか嫌いだ」と思い込むようにするんだ。たしかに、ねじ曲がっていますね。

小池　ええ。それは自分で自分の心を屈折させてしまうから、よくない方法なのです。じゃあ、どうしたらいいか。こういうテーマを考えていくときに、かならずネックになってくるキーワードがあります。それは「自己実現」というものです。それと並んで、オリジナリティーとか、独創性とか、個性というのが、この国では、やたらもてはやされています。私も少年時代、学校でそういう教育を受け、思い切り洗脳されましたが、はたと困ってしまいました。なぜなら、どんなに一生懸命、個性を出そうとしても、そんなものは全然ないのです。じゃあ、どうやったら個性が出せるか。ネガティブなことなら出せるんじゃないかと思ったわけです。ポジティブなことで個性を出すのはすごく難しいですが、ネガティブなことなら出せる。「自分はすごくダメな人間だ」「情けないほど足が遅い」「こんなに弱虫だ」というふうに、けっこう他の人との差を見つけられる。一時期、そうした自虐的発想により独自性を求めるほうに走ってしまったこともあります。でも、これまたよくない方法ですね。

テリー　それだと、どんどん落ち込んでいっちゃうよね。自己実現の前に自己否定になっちゃう。

小　池　だから、「自己実現するためにはオリジナリティーが大事だ」というのは本当にやっかいなゲームなのです。そんな独創性や素晴らしい個性で何かを実現することができる人は、ほんの一握りの人々だけでしょう。そんなゲームは、ほとんどの人が失敗するゲームであって、負けた人たちの一部は劇場型の目立つ犯罪を犯すことによって、負の独創性を生み出そうとしたりすらしてしまう。

テリー　そのゲームに不参加だったり負けても別の道を見つけたりというふうにしていくためにはどうしていけばいいんですか?

小　池　結局は、自分とどう折り合いをつけていくかということです。たとえば、五輪の例でいえば、「世界のトップレベルの人たちと競い合って金メダルがとりたい」と思ったとしても、それができるのは、そのジャンルで世界にたった一人しかいない。残りの全員は、金メダルがとれなかった自分とどう折り合いをつけていくかということがテーマになってきます。そのときに考えてみるべきなのは、「なぜ自分は金メダルがほしかったのか」ということです。そうすると、いろいろな要素があるかもしれませんが、あえてひと言に収斂《しゅうれん》させれば「自分の株価を頂点まで高めたかった」という言い方ができると思います。では、「なぜ自分は金メダルがほしかったのか」の「金メダル」をそのまま「自己実現」に置き換えてみましょう。つまり、一般的によく言われている「なぜ自分は自己実現がしたかったのか」というテーマです。その答えも、同様に「自分の株価を高めたかったから」ということになります。自己実現すると、自己評価の点数がグンと上昇する。要するに、これは受験勉強の中で自分の偏差値を高めるという価値観そのままでしかないのです。最近の日本人は「受験勉強なんて、くだらない」とか「偏差値なんて意味がない」と言っているくせに、結局、自己実現の点数をアップさせようというゲームに、まんまとハマっているにすぎないのです。それに気づけば、ずいぶん気が楽になるんじゃないでしょうか。

テリー そうか。自己実現って、自分の偏差値を上げようとしている程度のことだったんだ。じゃあ自己実現のポイントを稼いで、他人と自分を比べて勝ち負けを決めるようなマネは意味がないゲームだっていうことですよね。

小　池 はい。そういうゲームというのは、前にも言った「慢の煩悩」を刺激するので、ある種の気持ちよさが伴って、ついつい人をそっちに走らせてしまうのです。でも、それは単なる自分の点数、価値、値段、株価を上げたいと思っているだけのことで、結局は自己満足でしかありません。その程度のことだと気づけば、自己実現シンドロームからも解放されて、リラックスして自分と向き合えるし、自分と折り合いをつけられると思います。ただ、私も含めて人間は多かれ少なかれ、つい自分の価値を上げたくなってしまう習性があります。それは人間の脳内に仕組まれた罠のようなものです。何かを実現したい、成功させたい、自分の価値を高めたいという衝動は人間の本能的なものでもありますから、それに支配されてしまわないよう気をつけながら、よい距離感で付き合っていくしかない。自分の点数アップ競争に必死になりすぎて自分を苦しめるようなことにならないように気をつけて、そういう自分の衝動をリラックスして眺めながら上手に付き合っていけばいいのです。

テリー　突き詰めすぎないようにするには、具体的にはどういうふうにしていけばいいんですか？

小池　一つのことに集中して突き詰めすぎないようにすることです。たとえば、「仕事一筋」とか「金儲けだけが命」「夫がすべて」というのは危険です。人が自分の価値を高めたり存在意義を確認したりするためのツールというのは、本当はもっともっとたくさんあるのです。それをたった一つのことに集中しすぎると、人間、追い詰められてしまうところがあるのです。たとえば、昔の日本の専業主婦の例でいうと、自分の株価の上下を計るのは、旦那さんの存在だった。自分には社会的な立場がないから、旦那さんの仕事や社会的な地位を自分の存在意義にした。それが女性自身の限界を作っていたし、女性の社会的地位にも限界を作ることになっていました。そして、戦後の高度成長時代の主婦でいえば、子どもに依存してしまう母親たちがいた。結婚当初は旦那さんを通して自分の存在価値を見出していたのが、子どもが生まれてからは、子どもを通して自分の存在価値を確認しようとした。子どもがどれだけいい成績を上げるか、どこの学校に行くか、どれだけ世の中で活躍できるかということに全エネルギーを注ぐ。それが自分の存在価値を確認する唯一の手段になってしまったのです。

テリー　子どもの教育という名の自己実現か。それが、あの時代に教育ママと呼ばれた人たちが置かれた社会構造だったんだ。

小　池　母親たちが子どもに対してムキになって成果主義を押し通そうとしたのです。でも、それは子どもに依存しているということです。そうやってムキになればなるほど一喜一憂が激しくなって、とても苦しいのです。母親自身も苦しいし、子どもも苦しむことになる。それが、あの時代、多くのマザコン青年を生み出すことにつながったと言ってもいいでしょう。

テリー　そういう構造って、いまもまだありますよね。キャリアウーマンとか肉食女子も増えたかもしれないけれど、いまなお玉の輿《こし》を狙って日夜、男の品定めをしている丸の内のOLもいるわけで。

小　池　そうですね。女性自身がキャリアを重ねて社会的な立場を高めている人もいるけれど、「男性に愛されること」が自分の価値を確かめるツールだという女性もいるわけです。社会的に成功している男性に愛されることを通じて、間接的に自分の社会的な価値も高まるというゲームです。でも、それだけに集中しすぎるのは、やはりよくないのです。

テリー　そりゃそうですよね。第一、そうなっちゃうと男のほうも「おまえ、重たいよ」って思うよね。「あなたが私のすべてです」って言われてもさあ。

小　池　そのとおりです。そうやって依存するのは、お互いにとってよくありません。その結果として、お互いの関係が壊れやすくなったりするのです。テリーさんも指摘しているとおり、いまは男性が脆弱になっています。そのせいで男女関係もうまくいかないことが増えてしまいました。男性が脆弱になった理由の一つは、社会の中でどれだけがんばっても、将来まで安心していられる安定的な成功を得ることが難しくなったからです。経済的社会的な自信を持つことが、昔に比べてできなくなっているせいで、自分の価値が実感できなくなっているからです。その結果、昔の女性と同じように、パートナーに愛されることで自分の価値を確認せざるを得なくなって、「もっと僕を愛して」と求める男子が増えたのだと思います。お互いがお互いに「もっと私だけを見て。私だけを愛して」と期待する気持ちが強くなりすぎると、お互いを壊しやすくなってしまう。

テリー　一つのことに集中しすぎなんですね。

小　池　そうです。恋愛だけでもよくないし、仕事だけでもよくないし、家族だけでもよくない。仕事がうまくいくためには、仕事だけじゃなくて、家庭のことも大事だし、友人関係も大事だし、自分自身の時間や趣味も大事ですよね。一つに突き詰めすぎないというのはそういうことです。自分の価値を確かめられる回線は複数あったほうがいい。ツールがいっぱいあると、一つひとつに依存しなくてすむのです。山登りが楽しめて、温泉が楽しめて、恋が楽しめて、家族との時間も、親子関係も仕事も、まあまあ楽しめて、一つひとつの味をそこそこ薄くするような感じがいい。味が濃すぎる料理よりも、薄味をちゃんと味わえる料理のほうがいい。いろいろなジャンルに顔を出すようにして、あちこち少しずつでいいから、そこそこ成果を得られるようにすれば、一か所で「なんとしてもここで自己実現しなきゃ」という強迫観念が薄くなってくるはずです。そうやっていけば、「これは失敗したけど、あっちがちょっとうまくいったから、まあいいや」というふうに、ふんぎりをつけたり、折り合いをつけられたりするというわけです。

テリー　そうか。そういうふうにすれば重たくならないですむ。軽くいられますよね。

何かで失敗したときも相対化できるから。僕は辛いことがあると、「でも、あいつよりマシだよな」とか「あんなに優秀なヤツでもこういう失敗するんだから」というふうに、あえて相対化して自分を楽にしようとするけど、自分の中でもそうやっていけばいいいんですね。「これは外したけど、こっちが当たったからいいじゃん」みたいな。

小　池　そうやっていけば、勝ち負けの意味合いも薄まっていくと思います。

テリー　うん。勝負の大小はともかく、「だれだって勝ったり負けたりするんだから、こんな負けぐらいで落ち込んでもしょうがないよな」というふうに軽く考えられるようになりますね。

テリー

人間には孤独死しかない。
団体死なんてあるわけないんだから。

小池

まさにお坊さんの
説法のようなセリフですね。
そのとおり、人の死はすべて孤独です。

生まれ変わりはあるか？

テリー　死について教えてください。このごろ、「終活」という造語ができたり、エンディングノートを用意する人が出たり、日本人が死に向き合うための新しいスタイルが出てきましたよね。わりと旅立ちの身支度をしっかりしておこうっていう人が増えてきた。その背景には、高齢化や独居老人、その先の孤独死ということもあるような気がするんですよ。個人的には僕、孤独死という言葉が嫌いなんです。だって、人間なんて死ぬときはみんな孤独でしょ。孤独死以外に何があるんだって。団体死なんていうのがあるのか？　そんなの、あるわけないし。

小　池　いやはや、テリーさん、それは、なかなかお坊さんの説法のようなセリフじゃないですか。まさにそのとおりです。孤独な死しかないですよ。仮に一緒に死のうよ、と心中をしたとしても、まったく自分の意識の世界の中で旅立っていく。それは単に「隣にこの人がいるんだなあ」ということを思っている自分の意識が自分の中で消えていくだけのことです。同じように相手も相手の意識の中で消えていく。仮に強く手をつないでいてすら、孤独な死には変わりありません。

テリー じゃあ、たとえば、家族に見守られながら死ぬことが孤独死じゃないのかっていうと、そのほうが、よっぽど孤独感があると思うんですよ。このテーマになると、僕はよく自分が入院していたときのことを話すんです。仲間が十人ぐらいで見舞いに来てくれるのはいいんだけど、しばらくすると、彼らは目配せをしはじめる。「そろそろ帰ろうか」という合図をし合っているわけです。土曜日の夕方で、これからみんなで楽しく遊びに行くんだろうなというのがわかる。どうせ連中は「伊藤の病室で待ち合わせて、そのあと飲みに行こうぜ」っていうことですよ。彼らが「じゃあな、伊藤」「また来るわ」「元気出せよ」って口々に励ましてくれたあとで部屋を出ていく。急にシーンとなってガランとしている。最初からだれもいないより、余計に寂しいの。俺だけ取り残されちゃったんだもん。すごい孤独感。家族に見守られて自分一人が死んでいくって、こういうことなんじゃないかと思うんですよ。俺は死んでいくけど、お前たちはこれからも生きていくんだなっていう感じ。

小池 一人だけ置いていかれた感じはしますね。死んでいく自分は、これでもういなくなって、すべての人と会えなくなる。でも、彼らにとっては「一人いなくなった」ということ。死とは、圧倒的に非対称的なもの、死というのは本来的に孤独なのです。

テリー 終活をしようという人たちは、それをわかっているのかな。

小　池 やがて自分は死ぬんだということを意識しはじめたということは、「自分の命はあとどれぐらいだろう」と逆算をして、残りの人生でやるべきことの優先順位をつけていくことにつながるでしょう。そういう意味では、仏教の教えの一つである「死を意識することでいまを生きる」ということにも通じているとも言えます。他方、その終活のなかに「私の葬式は、こういうふうに行う」という項目があるとしたら、それはどうでしょう？　葬式というのは遺《のこ》された人たちがしてくれるものであって、自分の心も意識も失われたあとに行われる葬式のことは、確認も認識もできません。

テリー 認識できないんですか？

小　池 認識できません。

テリー なんか、この辺で自分の葬式を見てるんじゃないんですか？

小　池 見ていません。

テリー 丹波哲郎さんが言っていた霊界だと、この辺にいて「お、ちゃんとやってくれているな」とか「お前たち、それは違うって言っただろ」とかって思いながら見ているような。

小池 イメージ的には、そういうふうに思いたいところでしょうが、亡くなった人の意識や目はそこにはもう存在しません。

テリー ということは、もう二度と目覚めることのない眠りの中で死んでいく。じゃあ、そのあとは、天国も地獄も何もないんですか？

小池 そこは何とも言えないところです。仏教では「輪廻転生《りんねてんしょう》」という世界観があって、それを信じる人もいれば、「科学的に証明できない」という立場に立つ人もいる。私個人は修行している中で前世の記憶らしきものや、かつて人間でなかったときのものと思われる記憶などを思い出す体験をして以来、そういう現象を信じる気持ちが出てきて、そういう世界観に生きています。現世であまりよくないことをしたら、生まれ変わるときに苦しい生まれ変わりが待っているという。

テリー なんか僕も、そんな気がしますよ。だから「ちゃんと生きていこう」みたいな。

小池 そういう考え方は、この世に役立つと思います。

テリー ねえ。人を何人も殺したりさ、さんざん悪いことをやって死んでいくヤツと、真面目に生きて死んでいった人が同じ土俵でリセットされてチャラになっちゃうっていうのは、なんか違うだろうって。

小　池　「チャラにならない」というのが、仏教の死生観です。この世で功徳《くどく》を積むか、悪行を働くかによって、死後どこへ行くかもまったく違うし、来世も大きく変わると言われています。

テリー　小池さんは、何に生まれ変わりそうですか。

小　池　まったくわからないですね。

テリー　自分では決められないんだ。

小　池　仏教で言われるのは、死ぬ瞬間に、どういう意識状態でいたかによって、次にどう生まれてくるかが変わってくると。その瞬間、幸せでいたり、穏やかでいたりすると、比較的いいものになって生まれ変わる。反対に「もっとあれがしたかった」「こうすればよかった」と思い残すことが多いまま死んでしまうと、生まれ変わりもそれに伴って不満の多い境涯《きょうがい》になる。最悪なのは、人を憎みながら死んでいったりすることで、その意識状態が残ったまま生まれ変わってしまうと。

テリー　じゃあ、たとえば、見ず知らずの通り魔殺人に殺されたり、高速道路のトンネル事故で亡くなったり、死ぬ理由もわからなければ死ぬ瞬間さえ意識できない状態で亡くなった場合は、どうなるんですか?

小池　そういう場合、一つだけ言えるのは、その人がその前に積んできた業《ごう》に応じて変わってくるということです。心が平穏になるような業を積んできた人は、どのような死であっても、死の直前に安らぐイメージが眼前に現われ、脳内では安楽になるホルモンが分泌されるのではないかという想像はできます。

テリー　もし生まれ変わるとして、次に生まれ変わるときって、いまの記憶はどこかに残っているんですか?

小池　来世で生まれるときには、通常であれば前世のことをまったく覚えていません。「前世で自分は蚊だった」とか「餓鬼だった」とか「料亭の女将《おかみ》だった」というのは全然わからない。もし輪廻というものが本当にあるとしても、記憶は全部、消えています。そこには連続性がない。もう死んだ瞬間に自分がどのような存在で、どのような肉体だったかというのは完全に忘却し消去されている。そう考えると、終活にせよ葬式にせよ、自分が死んだあとのことを心配してもあまり意味がないと申せましょうねえ。お葬式というのは、死んだ方のためという側面もありますが、どちらかというと生き残った人たちのためにあるのです。その人が亡くなったということに対し、自分はどう向き合っていくのか。残された自分の心はどう折り合いをつけるのか。そういうことを考えたり、自分の心を見つめたりする儀式だと思います。それに対して、死んでいく側があまり「ああしろ、こうしろ」と注文をつけていくというのはいかがなものでしょう。

テリー そこはもう、遺された人たちに「お任せ」で死んでいったほうがいいんじゃないかっていう気がしますね。

小　池 私もそう思います。

第5章

正しい生き方はない

テリー　自分の正義を振りかざして
相手を攻撃するヤツって
いちばん迷惑ですよね。

小池　世の中に正義などないということを
まず知るべきですね。

世界に正義はない

テリー　宗教に携わっている立場として「罪と罰」について、どう考えているか教えてください。たとえば、体罰はどうですか？　日本の教育やスポーツの現場では、いまだに体罰問題がなくならない。これって、どういうことなんですか？

小　池　その問題も「先生になる動機は支配欲」という話と同根でしょう。体罰をする人たちの衝動として「人を組み敷きたい」「自分の思いどおりにさせたい」というものがあると言えましょう。

テリー　そういう自己中心的な思いが根っこにあるくせに、正義を振りかざしているところが罪深いですよね。体罰を受けたほうは「先生は私のことを思って殴ってくれた」とか「悪いのは自分だ」というふうにねじ曲がってしまう。

小　池　まず「世界に正義はない」ということを先生自身が知らなければいけないと思います。もし仮に、目の前の生徒が、その先生の正義や理想からすると許せないような言動をしたとしても、そこで鉄拳制裁を加える権限はだれにも与えられていない。そこで「なんでお前はそうなんだ！」などと怒っているのは、自分の思いどおりにならない相手に対して攻撃的な感情をぶつけているだけのことです。それは、きわめて利己的な正義で相手を攻撃しているにすぎません。

テリー　それって、自国の利害のために隣国に戦争をしかけようとする身勝手な理屈と同じことですよね。

小　池　そうです。戦争と同じです。自分こそが正義だと主張して、相手がそれに従わなければ攻めていくという、相手にとっては非常に迷惑な行為です。そんな正義は相手側から見ればまったく理不尽なものだったりするわけで、攻撃されるいわれはどこにもありません。

テリー　まったくそのとおりだと思います。でも実際の現場では、学校の先生にしろ、スポーツのコーチにしろ、ずっとその環境にいると、自分が白紙委任を受けた全権大使であるかのような振る舞いになっちゃうんだよね。

小　池　学校というのは、なかなか怖いシステムです。私も洗脳を受ける側として長い間学校にいたわけですが、やがて「どうせなら洗脳する側に回りたい。先生になりたい」と思ったものでした。ところが、学校の先生というのは、学校で洗脳されて育って、そのまま学校で洗脳活動をする。学校のシステムしか知らないまま、他の社会のシステムや価値観を何も知らないまま、生徒たちに向き合うわけです。これは怖いことです。

テリー　もっとも、社会をいろいろ知っていればいいかというと、そういうわけでもないですよね。学校システムの中で純粋培養された人のなかにも優秀な人はいるし、社会経験が豊富でも、優秀な人もそうでもない人もいる。だから、片方だけで学校運営をするのは危ないから、いろいろなタイプを混ぜていこうっていうことですよね。

小　池　おっしゃるとおりだと思います。要は、それなりに多様な価値観が学校にもあれば、体罰や洗脳ということから離れていけると思います。

テリー　恋愛と一緒でさ、たくさん恋愛経験があるから恋愛の達人になるかっていうと、まったくそんなことはない。そんなに恋愛していなくたって、しっかりした軸があれば、そっちのほうがカッコいいもんね。

テリー

テレビで「これは由々しき問題です」
と言っている自分に
「偉そうなこと言える柄じゃないだろ」
と突っ込んでいるんですけど。

小池

私も自分が実践できていないのに
「こうするべきです」などと
人に説教することがあります。

心を楽にする生き方

テリー　僕ね、テレビのコメンテーターなんかやってるでしょ。そうすると、社会問題とか政治問題についても、何か言わなきゃいけないわけです。そこで、もっともらしいことを言ってるんですけど、内心「俺はこんな偉そうなことを言える柄じゃないのに、何言ってんだ」といつも思っているんです。カメラの前で「由々《ゆゆ》しき問題です。このまだと日本はとんでもないことになる」とか言ってるくせして、心の中では「早く終わらないかな」とか考えているんです。そういうの、小池さんの中ではないですか？「おれは偉そうに説教しているけど」みたいに思うことってありますか？

小　池　いきおい人間は自分の現状よりも、よりよく他人に見せようとしてしまいますよね。他人の視線を浴びると、私たちはメデューサの視線に石化させられるみたいに、つい、いい子ぶってしまう。いい子ぶる偽善の煩悩。みんなそれを子どもの頃からずっとやっていると思います。自分はおもしろいと思っていないのに、他人がギャグを言ったら、その場で笑ってあげるのがその流れだったら、いい子ぶって笑っちゃうとか。あるいは、まさにテリーさんがおっしゃったように、私自身が実践できているレベル以上のことを「こうすべきだ」と要求するようなしゃべり方をしてしまうこともあります。

テリー それは悪いことなんですか？

小　池 「いい」「悪い」はおいておいて、それは苦しいことです。そういう苦しさを私もこの数年で感じるにつけ、なるべくいつも、そのときの自分の水準に合わせてお話しするように、とても気をつけています。

テリー 背伸びしないで等身大でいこうと。

小　池 ええ。そうすると、すごく楽になるんです。なぜ楽になるのかと考えてみると、自分をよりよく見せようとする苦しさから解放されるからです。私たちの基本的な願望としては、自分の思ったことをそのままパッと言いたいというのがあるはずです。ですから、何の利害関係もないときは、嘘をつかないし、人のジョークがおもしろくないときは笑わずにいたいのが自然なことです。あるいは、かわいくない人を見たら、「かわいくない」と正直に言いたい。それが自然なことです。でも、人の目を気にしたり、人に評価されることを気にしたりすると、思ってもいないことを言ったり、自分が考えていること以上に立派なことを言おうとしてしまったりする。そうやっていい子の振る舞いをすると、自分が本当に思っていることを、その「いい自分」という仮面で押し潰してしまう。それは少しばかり苦しいことですよね。

テリー　いい自分を演じるのが辛くなってきますよね。

小　池　ええ。その苦しみを積み重ねていくと、一人のときは演じなくていいから、「ああ、楽になった」と感じて、また人前に出ると、再び緊張して演じなきゃいけない。それを繰り返すのは、なかなかしんどいことなので、なるべくこのギャップというのをなくしていくのが幸せなことです。緊張とリラックスのマッチポンプみたいなもので、自分で火事を起こして、自分で消火して、「ああ、よかった」という思いをしないですむようにする。そうすると、すごく楽な生き方ができるようになります。

テリー　最近のお笑い芸人って、そういうことがすごく上手なんですよ。ぜんぜん見栄を張らない。昔だったら、芸人にも芸人なりの見栄や恥があって、「こういう姿は人前では見せない」というプライドがあった。でもいまのお笑いタレントは、やれ金がない、女がいない、失敗談や貧乏自慢で笑いをとるようになったんです。昔の芸人は身体を張ったコントで服や身体がドロドロになって大笑いされたあとで、シャワーを浴びてビシッとした高級スーツに着替えて銀座に飲みに行ったものだけど、いまは汚れたＧパンのまま、安いカラオケボックスで合コンやっちゃうみたいな。それはそれで気楽で楽しそうなんですよ。それこそ等身大で、そこそこＯＬにもモテるからいいかなって。

テリー　見栄や恥の文化が消えたから
パンツが見えても気にしない女子高生が
生まれたんじゃないですか？

小池　下半身が緩んでいる半面、
若い人たち同士のコミュニケーションの
縛りはきつくなっています。

見栄を張らない人たち

テリー　さっきみたいな芸人のドジ話っていうのは、芸人だから恥も外聞もなく、お笑いに変えちゃうっていうのは別にいいと思うんですけど、それが女子高生にまで蔓延《まんえん》している感じがするんですよ。たとえば、若手芸人が「給料が月二千円だから、全然食っていけない」とか「友だちの家に居候《いそうろう》してるんだよ」「公園のシャワーをお風呂代わりにしてる」とか、情けないことを言って笑いをとっているぶんにはいいんです。でも、それをテレビで見て笑っている普通の女の子が、「そういうのは別に恥ずかしくないんだ」と思って、コンビニの前の地べたに座ってパンツが見えちゃってたりするじゃないですか。「また追試、落っこちちゃった」とかって、ドジ話で盛り上がってる。別に見栄を張らなくてもいいんですけど、デートの食事にまで食べ放題や詰め放題を利用するって、それでいいのかなと僕なんか思うんですよ。

小　池　食べ放題は聞いたことがありますが、詰め放題というのもあるんですか？

テリー　スーパーの食品売り場にお総菜コーナーとかあるでしょ。ああいうところで、ビニールパックとかビニール袋の中に唐揚げとかソーセージとか、お総菜を詰め込めるだけ詰め込む。「百五十円、詰め放題」とかってやっているんです。決まった器にいくら入れてもその値段。もう、おばちゃんたちなんか、競い合ってあふれるほど詰め込んで、元以上のものを取って帰る。おばちゃんならそれでいいんだけど、年頃のデートがそういうのはどうなのか。昔だったら、彼女をおいしいイタ飯屋に連れていくとか、マニュアル本を見てデート戦略を立てたもんでしょ。いまはそんなことはしないで、初デートが激安チェーン店巡りとかラーメンの行列店に並ぶみたいな。日本の若者はいま、そういう状況になりつつあるんです。それって、もっと言うと、恥とか貞操観念のなさにつながっているんじゃないかとさえ思うわけです。

小　池　本当に何もこだわっていなくて、何も気にしていないのであれば、彼らはとても人間関係を楽に持てているはずなんです。ところが、そういうところで無理していないぶん、結局は別の場所で無理をしているように見えます。相手にどう見られるかとか、相手にどう評価されるのかとか、お互いずっと楽しくコミュニケーションしているふりをし続けないといけないとか、何らかの形でより強い負担を昔の人以上にかけている。

ある意味、とても真面目に苦しんでいる感じがします。一方でそうやって苦しんでいて、他方で、そうやって緩んでいるんでしょうね。昔の人のような見栄は張らなくなっているかもしれないですけど、そこまですべての見栄を捨てられるほど達観しているわけでもない。とくに若い人たちのコミュニケーションによる縛りというのは本当にきつくて、気まずくさせちゃいけない、常に楽しく振る舞っていなきゃいけない。楽しくない自分は抑圧して、一生懸命、しゃべり続け、触れ合い続けてなきゃいけないというプレッシャーで、かなりボロボロになっている人もいます。

テリー そういう自分たちのコミュニティー内のプレッシャーがあるんですね。

小　池 ええ、楽しくしていなきゃいけない強迫観念から「楽しい演技」の偽善者プレイをし続けて、自分の本当の気持ちがわからなくなり苦しんでいる子たちは多いと思います。お金についての感覚で言えば、日本の経済状況に比例して若い世代の人たちの収入も少なくなっている。それに加えて将来への不安みたいなものをメディアが煽《あお》るせいで、全国民がどんどんケチケチした感じになってきているように見えます。

テリー 昔の日本人が「貧すれば鈍する」と言ったとおりの状況がたしかにあちこちで起きていますよね。世間の目ばかり気にして見栄を張ったりムダ使いしたりするのがいいとは思わないけれど、「さすがにそれはあさましいだろう」ということをたくさんしていくと心がすさんできちゃいますよね。

小池　そう思います。そういうケチケチ感とか自分だけは得したいという感覚は、この国の空気全体にかかわってくると思います。

テリー　いやな思いをしてまで
ラインやＳＮＳをやめられないのは
なぜですか？

小池　いやな刺激がフックになって、
似た情報をより強くより速く
伝達したくなるのです。

ネットには適度な距離感が必要

テリー　自分たちのコミュニティー内での人間関係のプレッシャーって、たしかにいろんな問題がありますよね。とくにネット社会が抱えている危険性の中で、小池さんが指摘しているコミュニケーションのストレスっていうのは、そこにかかわるものもありますよね。僕はネットなんかで、だれがどれだけ僕を攻撃しても一切見たことがない。僕は気が弱いから、たぶん見たら耐えられないと思って絶対に近づかないんです。でも、いま多くの人たちはツイッターだったりラインだったりSNSだったり、避けて通れなくなっていますよね。まあ本当は、その気になったら避けられるのかもしれないけれど、なかなか孤立が怖くて遮断《しゃだん》できないような状況がある。よく子どもたちがそういうなかでのトラブルのせいで学校に行かなくなったり、大人でも会社に行けなくなったりという現実がありますよね。こういうのは風評被害というか、ほとんどいわれのない誹謗中傷なのに、やられると耐えきれない。そういうとき、どうやって鈍感力を発揮して会社に行ったり、ヘラヘラ学校に行ったりすればいいんですか？

小　池　テリーさんが自分の弱さを認めておられるのはすこぶる賢明なことで、それは適切な対策です。ネットに対しては距離を置くのがいちばんいいのです。自分についてのネガティブな記載を見たらダメージを受けるとわかっているなら見なきゃいいのですが、ただ、人間はネガティブな影響でも強い刺激を受けるのが癖になってしまうことがある。ある種、怖いもの見たさみたいなものが癖になって、自分が批判されているのを見て嫌な気持ちになるということをわかったうえで繰り返してしまうのです。この対応策として「見ないこと」が最善だというのは、脳の仕組みを見れば明らかです。自分についてのネガティブな情報を脳の中に何度も入れていくと、その記憶を格納している海《かい》馬《ば》がLTPという記憶の長期増強をします。すると、それに類似した情報に触れると、より速くより強くその情報が電気信号として海馬内を伝わりやすくなります。裏を返せば、その情報をしばらく入れないようにしてあげると、その情報をより強く選別する海馬の仕組みがだんだん弱まっていって、あまり気にならなくなっていきます。

テリー　脳にその情報を入れ続けていると、どんどん辛くなる一方だけど、脳にそれを入れなければ、しばらくすると楽になるっていうことですね。

小池　そうです。もう思いきって見ないこと。たぶん最初は気になると思うんです。「何が書かれているんだろう？　知っておいたら対策が立てられるかもしれない」などと思ってしまう。見ておかないと不安になる。知っておかないと、真っ暗闇の中で妄想するのと一緒で、現実以上のものを空想してしまう。でも、それを見ることで、自分の脳の中に異変が起きるということを心得たら、一切見ないようにできるはずです。インターネットは何が怖いかといえば、不特定多数の人が自分を評価できる。いい評価もできますが、悪い評価も多い。いい評価に触れたり、「いいね」とレスポンスをもらえるとうれしいでしょうけれど、結局は自我の欲望が刺激されて心乱れているだけです。ましてや悪い評価に触れて嘆いても心乱れるばかり。アンケートによると、ネットを多く使っている層と、ネットをあまり使っていない層とで、幸福度調査をすると、ネットの使用時間が非常に多い人の幸福度は低くなるという結果があるようです。それは調べなくても常識的にわかりそうなものですが、一度コンピュータやネットの利便性や刺激に慣れてしまうと、それに触れていないと情報社会での充実度が低くなるような錯覚に騙《だま》されて、そういう情報の中に埋没するという状況が起きているわけです。しかも、いまのストレス社会を反映して、ネットの中にある多くの情報というのは、あらゆる事柄に対して批判的だったり、恨みがあったり、攻撃的だったりするのです。

テリー　基本的にネガティブなことが多いですよね。

小　池　だからこそ、ネットによって傷ついたりストレスを受けたりしたときは、そういうものに触れないようにするのがもっとも有効な方法なのです。

テリー

ネット社会は人間の煩悩を
増幅させたんじゃないですか？

小池

それは重大な社会問題です。
この煩悩はますます増幅していくでしょう。

人々の攻撃本能が強まっている理由

テリー　昔から人間だれしも他人に嫉妬したり誹謗中傷もしたりしたと思うんですけど、ネットも何もなかったから、それを外に向かって表現をする場所がなかった。いまはネット社会が出現したことによって、表現する場所も発信する人も、どんどん増殖していっていますよね。

小　池　それが現代のいちばん大きな問題の一つです。ネット社会というのは、人間の煩悩を従来の何倍にも増幅していると思います。

テリー　そうですよね、やっぱり。いままでだったら発言の場がないし、相手もいなかった人が、いまは得意げに、自信満々に言いますよね。そういうものを見て、いままで心の中にそういうものがなかった人にも、他人に向かって何か言いたいという欲求が芽生えたり、小さな芽だったのが大きくなったり、「ああ、これは好き勝手に言っていいんだ」と全開になって、爆発する。僕は最近、日本人は人の悪口を言う天才になったと思っているんですけど、どんどんそういうふうに、日本人の質が変わってきたんですかね？

小　池　変わってきていますね。この数年間でどんどん変わってきて、あと十年後にはまたずいぶん変わるんじゃないかと私は見ています。とくにネットというのは他人を評価するということと強く結びついていて、いろんなものに点数をつけていきますよね。クリックして「いいね」とか「悪い」とか、お店や映画やＣＤなどの評価についても、その評価をだれかがまた評価するというふうに、評価、評価、評価の応酬ですよね。

テリー　本でもレストランでも「口コミ」という名の評価欄があって、そこでの批判が偏見や攻撃性に満ちていたりする。あれって、発言者は何のリスクも背負わないで言ってるんですよね。

小　池　そこがポイントですね。自分はリスクを負わずに他人を批判できるから、無責任な批判がどんどんエスカレートしていく場所になってしまう。もともと日本人が、基本体質として批判や悪口を言う精神性がなかったかというと、あったことはあった。ただし、テリーさんがおっしゃったように、もともとは小さな種でしかなかったものが肥大してしまった。それはやはり、本来、表立って人を批判したり攻撃したりすると、それが自分に返ってくる危険性があるから、あからさまに言えなかった。ところが、ありがちな指摘ではありますが、ネットのおかげで匿名性のもとに、批判ができるようになったわけです。観衆に向かってだれかを批判して喝采を浴びるという演説行為は、あたかも自分が偉い人間になったかのような気持ちになれるので、やってみたいという願望がもともと人間にはありますからね。

テリー　そういう願望があっても、リスクがあるから控えていた。でもネットで匿名なら何でも言えちゃうから、大喜びで攻撃的演説をしてしまう。もともと人間が持っていた負の感情をネットの中で全開させているわけですよね。人を批判したり攻撃したりして優越感を持ちたいという感情をリスクなしにやって、ときには演説して喝采を浴びるかのような錯覚も味わえて気持ちいいわけですよね。

小　池　それに酔いしれる人たちをたくさん生み出しているのがネット社会だと言えるでしょう。他人の欠点を見つけて攻撃することで得られる快感というのは、他人の上に立ちたいという感情を増幅させていくことになります。そうしたメンタリティはネット社会の中のみならず、実社会にも蔓延していくことでしょう。それがテリーさんの言う「日本人が批判の天才になった」という現象として、今後、さらに増幅していくように思います。

小池　常に視聴率や数字に
追いかけられる世界にいるのは
しんどくないですか？

テリー　僕はMだから、
毎日、危険にさらされているのが
楽しいんですよ。

ネガティブな要素も武器にする

小　池　テリーさんが身を置いていらっしゃる世界というのは、あからさまに順位や数字がつきますよね。ＡＫＢ48の方々の総選挙もそうだし、テレビ番組の視聴率もそうだし、出演料やら好感度やら、あらゆるところでランキングのようなものが表わされているようです。そういうなかでは、勝ち負けや上下、あるいは浮き沈みといったものが、日々繰り返されている。周りの方々のそういう様子を目《ま》の当たりにしたり、ご自分もそういうことを実感なさったりしているわけですよね。そういう場所で、たえず上がったり下がったりすることについて、どう感じるものなのですか？

テリー　こんなふうに白黒がつく世界にいるのって、僕はものすごく面白いですね。というのは、年功序列じゃないんですよ。長くいるからといって、ずっとそこにいられるわけじゃないし、むしろ「新しい人のほうがいい」とか「若ければいい」みたいなところもある。長年そこにいたとしても、別にお墨付きをもらっているわけでもないし、たいして有利でもないんです。だから、みんな平等にチャンスがあるけれど、常に危険地帯にいるわけです。常に安心できない面白さっていうのがあるんです。僕のようなオッサンも新人の女の子も、同じ場所で同じように日々、もまれていくんです。

小　池　キャリアがある人でも、若手に追い落とされることもある。そういうシビアな世界にいることが面白いわけですね。

テリー　そういうところで生きていくには、油断なんかできない。ただがんばるだけじゃなくて、見ている人にウケなくちゃいけない部分もある。自分なりの満足感だけじゃ通用しない。毎日、そこにいること自体が人間修行をしているみたいで、僕はM男だから、けっこうそれが好きなんですよ。

小　池　とりあえず自分が残れているということは、「ちゃんと評価をもらっているからこそ残れているんだ。その評価に嘘はない」という実感があるものなんですか？

テリー　いや、当てにならないですね、そんなのは。たまたまいるだけなのかもわからないし、毎日、本当に危険にさらされてるわけです。明日どうなるかわからない。僕らは何年レギュラーをやっていたとしても「じゃ、テリーさん、来月でお疲れさんです」って言われることなんかよくあるんですよ。だから、いつそう言われても「ああ、それはしょうがないよな」って。たとえば、勤続五年のキャバクラの女の子が、きょう新しく入ってきた子に客をとられちゃうみたいなものですよ。「はじめまして。ユカでーす」ってニッコリしている新人を見た常連客が、「お、可愛い子が入ってきたね。俺、そっちを指名しよう」って言ったら、それでおしまい。酷薄《こくはく》な世界ですよ。でも、そこにいるのが、また面白いんです。そういうのが苦しいんだったら、やめて別の世界へ行けばいいだけのことじゃないですか。

小　池　なるほど。そこが苦しくてやめてしまう人と、楽しいと思う人がいる。きっと、その間を漂う中間層がけっこういそうですね。苦しくてやめたいと思うことがしばしばありながらも、みんなに見られたり喝采を浴びたりすることの気持ちよさからも離れがたい。そういう人たちは、なかなかにしんどそうですね。

テリー　そうですね。でも、やめない道を自分で選択してるわけだから。

小　池　その本人の中では、苦しみより快感のほうが少しばかり勝ってる、主観的にはそう思えているというところでしょうかねえ。

テリー　この世界以外、他に行き場所がないっていうのもあるでしょうね。でもね、この業界の人たちを見ていて感心するのは、人間ってそれぞれの持ち味があるということです。それこそ、他の世界ではやっていけるかどうかという人。勉強もスポーツも金儲けも才能がない。でも、それを売りにして人気者になる人もいるわけです。かといって、芸能界にいるのに歌やダンスも苦手、上手にしゃべれるかといったら、しゃべれない。見た目もよくない。それを逆手にとっていく。背が低いとか、足が短いとか、デブとか、ブスとか、貧乏とか、モテないとか、暗いとか、人見知りとか、そういうマイナスを売りにしていく才能を持ったヤツがいっぱいいるんですよ。そのなかで「でも、これだけはものすごく得意です。だれにも負けません」という何かを打ち出していくわけです。

小　池　世間一般ではネガティブな要素をポジティブな武器にしているんですね。

テリー　そう。長くいる人は、基本的にみんなすごく努力していますね。見ていて学ぶことがたくさんありますよ。

小池　とても売れている芸能人に
召使いのように尽くしている人たちを見て
驚いたことがあります。

テリー　それで裸の王様になってしまうと
不幸が待っているんです。

勘違いをしている人

小池　テレビ番組に出たときに、楽屋などの舞台裏を見て、妙だと感じたことがありました。とても有名な若いお笑い芸能人の方の周りの人たちが、まるで召使いのようにその方に尽くしていました。あんなにも周りがかしずいたり、スタッフが一歩下がったところから団扇《うちわ》で扇いだりしている光景は、私にはちょっと異様に見えました。その方は、テレビカメラが回っているときは、ひょうきんなキャラクターを演じておられるのですが、楽屋では椅子にふんぞり返ってスタッフに奉仕させてムスーッとしている。その方のところには、入れ替わり立ち替わりでタレントの人たちが挨拶《あいさつ》にやってくる。たしかにどういう業界でも目上の人や先輩に挨拶をするというのは常識的なことでしょうが、どうもそれ以上の封建的上下関係というか、売れている人を崇《あが》め奉《たてまつ》るというか、「ご挨拶の儀式」がテレビや芸能の世界では慣習になっているように見えました。そうやって相手の慢心を増長させて気持ちよくさせるのが当然であるかのような……。そういうものなのですか？

テリー　たしかに、そういうところはあるといえばあるかもしれませんね。でも、僕なんかは、そういうの面倒くさいんですよ。廊下ですれ違ったり顔を合わせたりしたときにお互い挨拶するのは当たり前だけど、いちいち楽屋に行ったり来たりっていうのは、なくてもいいと思ってる。僕もこの歳までこの世界にいるから若い人たちが挨拶に来てくれることもあるけど、「次からはわざわざ来てくれなくてもいいよ」って、いつも言っています。さっきも言ったように、ここはベテランも新人も同じ平場《ひらば》だから、あんまりそういう儀礼的なことをやっていると、活力が出にくくなったりするんですよ。

小　池　テリーさんのことが本当に大好きで、どうしてもお顔を拝見したくて挨拶に来られる人が来るのはいいと思いますけどね。

テリー　そうそう。あと、ビッグネームの人が取り巻きを連れて歩く。あの大学病院の院長先生の回診みたいに十人ぐらい引き連れて歩いているのを見ると、本人はどんなつもりなのかなという興味はありますよ。たとえば、マイケル・ジャクソンだって、最初は売れないところからスターになったわけです。ストリート・ミュージシャンのような感覚を持っていたものが、売れ始めると、あるときから周りが気を遣いだしちゃって、取り巻きに囲まれるようになる。そうすると、ストリートのことはわからなくなって、裸の王様みたいになっていくわけです。それって、本人にとっても、実は不幸なんです。

小　池　不幸でしょうね。

テリー　それは日本のミュージシャンでもそうなんだけど、自分自身で「俺は、たかがミュージシャンなんだ」と言い聞かせていかないと、やがて大衆の心をつかむような歌は歌えなくなってしまうんですよね。ただ、取り巻きや周りのスタッフから見れば、「この人一人で何十億も稼ぐ金を産む卵」なんですよ。その辺を歩いている二十歳の女の子に見えるような子が「我が社に五十億の売り上げをもたらす女神」という存在だとしたら、大人たちは、あらゆる気を遣っちゃうわけです。そこで本当に賢い子であれば、自分を客観的に見たり常識をわきまえたり大人に敬意を持って接したりするけど、それができない子もいるから。

小　池　そこで傲慢になっちゃうと。

テリー　その先、不幸になっちゃうから、ちゃんと教えてくれる大人がいてあげないとね。

小　池　やはり、どんな世界であれ、まともな感性がないと、その先の成長は難しいように思います。

テリー　そういう場合は小池さんのところに行って、週一日一時間でもいいから、修行させてもらうのがいちばんいいよね。「いまの自分って何なの?」っていうことを考えるとかさ。仏教とかそういうことじゃなくても、自分自身を振り返ることってすごく大切だと思いますね。

小池　ぜんぜん難しい修行じゃなくていいから、無になるまで散歩したり、なるべく普段の考えを離れて草取りをしてみたり、ヘトヘトになるぐらいまで走ったり泳いだりしてみるといいでしょうね。その最中は何も考えなくても、終わったあとで、また頭が冴《さ》えてきたり、考えがクリアになりますからね。そういうのが自分でできているといいですね。

テリー　小池さんは遊ばないんですか？

小池　遊びますよ。
お花見とか、お団子作りとか、
とても楽しいですよ。

平坦な日々にも「ワクワク感」がある

テリー 小池さんの部屋を見せてもらいましたけど、すごくきれいにしていますよね。小ざっぱりしていて、いい感じですね。

小　池 そうですか。まあ、なるべく物を持たないようにしているので、あまり片づける必要もなく、自然にさっぱりしているということだと思います。

テリー ぜんぜん物欲って、ないんですか?

小　池 ぜんぜんではありません。一応、本を持っていたりしますからね。あとは、ロウソクフォルダーをちょっと洗練されたものにしたいなっていう気持ちがあったり、帽子を買うときは自分の好きなデザインのものを選んだりとか。

テリー へえ、この帽子、可愛いじゃない。どこで買ったの?

小　池 地元のお店です。

テリー お坊さんだから当たり前なのかもしれないけど、小池さん、いつも同じ服を着ていますよね。

小　池　はい。和服とその下に着る白い衣を二枚ずつ持っていて、洗濯しながら交替交替で着ています。だから一年中、同じ格好をしていると言ってもいいと思います。季節によって冬期は白い洋装シャツを内側に重ね着したり、夏用と冬用があったりもしますが、基本的にはずっと同じ服です。

テリー　たまにはジーパンなんか穿《は》いたりしないんですか？　ポロシャツとかダウンジャケットとか着たりはしないの？

小　池　学生時代に服に凝って、モードの服もずいぶん集めてたんですけど、そういうのは、もう全部捨てて、一着だけ作業用に田舎に置いてあるぐらいです。ジーンズももう穿かないですねえ。

テリー　毎日毎日、同じ服を着るって、すごい精神力だよなあ。

小　池　すごく楽なんですよね。何を着ようか考える必要がないから。髪を剃《そ》っているのは、ある意味、世捨て人のシンボルでもありますが、これもまた楽なのです。毎日、頭を剃って、毎日、同じ服を着る。毎日、同じことをすればいいだけです。「どういう組み合わせで服を着ようかな」とか「どういう髪形にしようかな」とか考えないですむし、「この服、どうも似合ってないな」とか「このヘアスタイル、あまりよくないな。やっぱりもっと短く切ったほうがよかったかな」などと悩まなくていい。「ちょっと髪が薄くなった」などという悩みも、そもそも剃っていれば、まったくありません。そういうことに時間や思いを費やす必要がないというのはとても楽ですよ。

テリー　毎日、自分で剃るんですか?

小　池　毎日もしくは、二日に一度ぐらいで、自分で剃ります。お風呂に入ったときに、石鹸を泡立てて剃る。最初のうちは血だらけになったりしていましたけど、慣れてくると、だいたい二、三分ぐらいできれいに剃れるようになるものです。

テリー　僕も坊主頭だから、自分で電気カミソリで剃るだけでいいし、髪形が決まっているのが楽だというのはわかります。でも、僕は洋服が大好きだから、あれこれ着るのが楽しいんですよ。「この洋服を着ると元気が出る」とか「この服を着てどこかへ行きたいな」とか、気分転換になる。洋服を買ったり着たりするのはウキウキするんですよね。ムダを排除するよさもわかるんだけど、たとえば、女の人が新しい化粧道具を買ったり、美容院に行ったりしてウキウキする。お気に入りの服を着て出かける。そういうワクワク感も大切だと思うんですけど。

小　池　なるほど、残念ながらそういうワクワクはたしかに味わえないですね。その面は平坦な感じになります。

テリー　平坦な日々も、平穏でいいとは思うけど、ワクワク感とか、少年のようなときめきが人の心や身体を活性化してくれるじゃないですか。小池さんは、いつ、どんなときにそういうのを感じるんですか？

小　池　そうですね。たとえば、昨日などは畑仕事をやっていて、一日中、すごく楽しかったですね。畝《うね》を作るのって、面白いんですよ。畝ってわかりますか、こう、土を盛り上げて。

テリー　溝があって、山があって、あのことですね。

小　池　はい。畝を一個作って、二個目がちょっとずれてしまった。じゃあ、三つ目の畝は意図的にもっとずらしてみようって、こう、放射状に模様になるような感じにやってみよう。そういうちょっとしたおふざけを作業の中に盛り込んでみたりしていると「なんだか楽しいなあ」っていう感じになってきます。

テリー　なるほど、そりゃ楽しいかもしれないですね。じゃあ、あれはどうなんですか、イラストは？　小池さん、すごく味のある、いいイラストを描くじゃないですか。四コマ漫画とかも上手ですよね。ああいうのを描くときは仕事になっているんですか？　それとも、その畝作りみたいに遊び心とか、子どもが漫画を描く楽しさみたいなのってあるんですか？

小池　それは、どっちもありますね。連載をしていて「締切に間に合わせなきゃ」という感覚でやっているときは仕事っぽさが増します。別にやらなくてもいいときにやると、遊びっぽい雰囲気になりますね。私の日常の中の遊びといえば、そういう絵や畑。それから桜やアジサイや季節の花が咲いたときに、お団子を作ってお花見に行くことでしょうかね。先日は上新粉《じょうしんこ》で白いお団子とヨモギの団子を作って、みたらしのタレを作った。赤松を削った木の薄皮を「経木《きょうぎ》」というんですが、それに団子を並べて、みたらしをかけて包んで、女友達とお花見をしに行きました。そういう具合に何かちょっとした食べ物を可愛らしく作るのは楽しみですね。

テリー　それ、いいですね。何だか聞いてるだけで、ちょっとウキウキしますよ。

テリー　小池さんが思う
「カッコいい老人像」って
どういうものですか？

小池　いい感じに枯れているのが理想ですね。

いい歳のとり方

テリー　日本では「若さこそ正義」という価値観が幅をきかせていますよね。高齢化といっても「老いてもなお盛ん」とか、「四十歳にしか見えない五十五歳って、すごい」みたいな広告とか。それって、小池さんが指摘しているように、やがて決定的に老いたり、死に臨むときには心穏やかにいられなくなってしまいますよね。小池さんが考える理想的な老いとは、どういうものですか？　小池さんが思う「カッコいい老人像」ってどういうものですか？

小　池　いい感じに枯れているのが理想ですね。私が残念だと感じる老人は、昔の話を聞かせたがる人、何度も同じ話をしたがる人です。いまのお年寄りは昔に比べると寡黙な感じとか、静かな感じとか、枯れている感じが少なくなっている気がします。ギラギラした憑《つ》き物がすっかりとれたかのようにすっきりしている表情とか、いい感じに枯れて枯淡《こたん》な人の顔はとても美しいと思います。もちろんいまのお年寄りにもときどきそういう方はいらっしゃいますが。

テリー　たとえば、どういう人？

小　池　最近、私がすごくいいなと思ったのは、田中愛子さんという料理研究家で、お菓子の本を出されている方です。その方のプロフィール写真を見ると、すごく柔らかくて美しい微笑みを浮かべていらした。たしか八十歳ぐらいのおばあさんなんですが、楚々とした様子が何とも美しいなと感じました。いわゆる若くて美しいというのではなくて、全体の雰囲気が美しい。奥行きが感じられたり、伝統的な日本の美徳のようなものを身につけてお歳を重ねていらっしゃるように見えたりするところが素敵だと思いました。

テリー　ああ、いいですねえ。そういう人。

小　池　それから、私のお寺で檀家の総代をやってくださっている大工さん。この方も八十歳を超えていますが、私が大好きな方です。

テリー　大工さんっていうことは、まだ、お仕事をされているんですか？

小　池　はい。現役の大工さんです。あるとき、私が自分で小屋を建てることにすごく魅力を感じてしまったのですが、その基礎をつくるときに、その大工さんも手伝ってくださいました。それが、決して素人に上から目線で何かを言ったりすることなどなく、とても頼りがいのある仲間という感じで黙ってお手伝いをしてくださった。檀家の会合のときも、周りの人たちが侃々諤々《かんかんがくがく》言っていてもわりと寡黙にしていて、大事な局面では必要最低限の言葉でその場をパッとまとめてくれたりする。それがすごく凛々《りり》しくてカッコいいんです。いいなあ、自分もこういう老人になりたいなあと思います。

テリー 逆に、こんな老人にはなりたくないっていうのは？

小　池 すぐに自慢話をしたがる老人にはなりたくないですねえ。やっぱり老人はどうしても同じ話を何回もしてしまいますが、それが可愛い話ならいいのです。でも同じ自慢話を何度もするのは困りものです。同じお年寄りでも、今の自分が惨めで無力感に苛《さいな》まれていると、そういうことをしがちです。かつては周囲からの評価も自己評価ももっと高かったのに、いまはこんなに下がってしまったという思いがあるから、それを必死で上げたいと思って、「どれだけ自分ががんばったか」「どれだけあなたにしてあげたか」ということを言いたくなってしまうのでしょう。

テリー 昔の話をするっていうのは、現役時代の話をしたいっていうことですよね。だったら、現役でいてもらえばいいんですよね。リタイアさせちゃうから「俺が現役の頃はなあ」って言いたくなるわけで、いまも現役なら、まさに小池さんの檀家の大工さんみたいにカッコよくいられるじゃないですか。やっぱり人は仕事をしていることが、いちばん輝くことだというふうに思っている老人は、いまもこれからもたくさんいると思うんですけど。

小　池　それがいちばん自分の価値を見出しやすいですよね。自分が社会の中で求められているという実感が持てますから。

テリー　そうすると、これからの社会では高齢者が働ける場所をいかにたくさんつくれるかっていうのが大きなポイントですよね。それは会社でいえば定年を先に延ばすとか、高齢者の再就職先を増やすといったことですね。そこで給料が安くなってもいいし、金銭的な余裕がある人はボランティアの仕事をやってもいい。要は社会に必要とされている実感なり、自分は現役であるという実感を持てる。そうすれば昔話なんかしなくていい。むしろ、今日の仕事の話、明日のボランティアの話をしなくちゃいけなくなるわけだから。

小　池　そのとおりですね。

テリー　ただ、それは社会資源というか社会構造の話とも深くかかわるから、だれしもそういう仕事にありつけるわけじゃないですよね。とすると、仕事以外の何かで自分の現役感を持てればいいんだけどなあ。趣味はどうでしょう。

小　池　いいと思います。あまりお金のかからない趣味であればなおいいですね。

テリー　そうですよね。お金の心配をしなくてもいい趣味。やっぱり、歩くとか。

小　池　没頭できる何かがあればいいと思います。私の場合は瞑想であったり料理であったり。こういうことに没頭していれば充実感は得られます。

テリー　たしかに瞑想できるようになれば、お金は1円もかからないですよね。やっぱり今から身につけておこうかな、瞑想。それに没頭できれば最高ですよね。キーワードは没頭力ですね。

小　池　没頭力、没頭する技術、これが大事です。

テリー　恋愛に没頭するって、どうですか。老いらくの恋。

小　池　あはは、やはり、そこに戻るんですね。一番の活性剤とも言えますから、決して悪いとは言いません。ただ、こればかりは相手があることですから、思ったように恋が得られなかったときのショックや失ったときの喪失感も込みにしないといけない。

テリー　そこに戻るよなあ、どうしても。恋と瞑想。とりあえず、両方にエントリーしておきます。

小池　わかりました。瞑想は、いつでもいらしてください。

あとがき

小池さんのお寺は鎌倉、稲村ケ崎。私の地元も鎌倉、極楽寺。フーテンの寅さんの故郷に帝釈天《たいしゃくてん》の御前様《ごぜんさま》がいてくれたみたいに、自分の地元に話せるお坊さんがいたらどんなに素敵だろうとずっと思っていたので、夢が叶った。これからは、小池さんのお寺で瞑想するという新たな人生の楽しみが一つ増えました。

毎日、電気カミソリで頭を剃っているテリー伊藤

テリー伊藤さんは、まるで子どものように、飾らずに、持てる素朴な問いを、次々に投げかけてくださいました。「これはどう考えたらいいの?」「こういうときはどうすればいいの?」「これは結局どういうことなの?」「これは?」「あれは?」……。テンポよく繰り出される高速の問いに、ゆっくりのったりと答えた問答のやりとり。みなさまいかがだったでしょうか。またいつか、問答の続きをいたしましょうね。

毎日、T字カミソリで頭を剃っている小池龍之介

小池龍之介（こいけ・りゅうのすけ）

1978年生まれ、山口県出身。月読寺住職、正現寺住職。東京大学教養学部卒。2003年、ウェブサイト「家出空間」を立ち上げる。正現寺（山口県）と月読寺（鎌倉）を往復しながら、自身の修行と一般向けに坐禅指導を続けている。『考えない練習』『煩悩（ストレス）フリーの働き方。』『もう、怒らない』『平常心のレッスン』『“ありのまま”の自分に気づく』『しない生活 煩悩を静める108のお稽古』など著書多数。

テリー伊藤（てりー・いとう）

1949年生まれ、東京・築地出身。早稲田実業学校高等部を経て日本大学経済学部に入学。卒業後、テレビ制作会社に入社。「天才・たけしの元気が出るテレビ!!」「ねるとん紅鯨団」などのヒット番組を手がけ、一躍注目される。現在は演出業のほか、プロデューサー、タレントとしてマルチに活躍、いまやメディアに欠かせない奇才である。『お笑い北朝鮮』『ダメ監督列伝』『なぜ日本人は落合博満が嫌いか？』『松井秀喜がダメ監督にならないための55の教え』『長嶋茂雄を思うと、涙が出てくるのはなぜだろう』など著書多数。

小池龍之介さん、
煩悩ってどうすればいいんですか？

2015年9月23日　第1刷発行

著者　小池龍之介×テリー伊藤

発行人　蓮見清一

発行所　株式会社宝島社
〒102-8388　東京都千代田区一番町25番地
営業 03 (3234) 4621
編集 03 (3239) 0928
http://tkj.jp
振替　00170-1-170829 (株) 宝島社

印刷・製本　サンケイ総合印刷株式会社

ISBN978-4-8002-0255-0